Querido Mundo

A HISTÓRIA DE GUERRA DE UMA MENINA SÍRIA E SUA BUSCA PELA PAZ

BANA ALABED

Querido Mundo

**A HISTÓRIA DE GUERRA DE UMA
MENINA SÍRIA E SUA BUSCA PELA PAZ**

Tradução
Claudia Gerpe Duarte

2ª edição

Rio de Janeiro | 2019

CIP-BRASIL. CATALOGAÇÃO NA PUBLICAÇÃO
SINDICATO NACIONAL DOS EDITORES DE LIVROS, RJ

Alabed, Bana

A272q   Querido mundo: a história de guerra de uma menina Síria e sua busca
pela paz / Bana Alabed; tradução Claudia Gerpe Duarte. - 2. ed. - Rio de Janeiro:
BestSeller, 2019.
    : il.

Tradução de: Dear World
ISBN 978-85-465-0095-6

1. Alabed Bana. 2. Crianças refugiadas - Síria - Biografia. 3. Síria - História -
Guerra civil, 2011-. I. Duarte, Claudia Gerpe. II. Título.
18-49252
CDD: 956.91042
CDU: 94(569.1)
Meri Gleice Rodrigues de Souza - Bibliotecária CRB-7/6439

Texto revisado segundo o novo Acordo Ortográfico da Língua Portuguesa.
Título original
DEAR WORLD: A SYRIAN GIRL'S STORY OF WAR AND PLEA FOR PEACE
Copyright © 2017 by Bana Alabed
Copyright da tradução © 2018 by Editora Best Seller Ltda.

Os nomes de alguns personagens deste livro podem ter sido modificados.

Foto da cidadela de Aleppo, caderno de fotos, do Flickr by Johan Siegers CC BY 2.
Todas as outras imagens deste livro são cortesia da família Alabed.
A primeira edição deste livro foi publicada em outubro de 2017 pela Simon & Schuster

Adaptação do layout de capa: Guilherme Peres
Editoração eletrônica: Ciclo Estúdio / Victor Mayrinck
Design de capa: Pip Watkins
Ilustração de capa: Jill Tytherleigh
Fotos da frente da capa e quarta capa: Fatemah Alshiha

Todos os direitos reservados. Proibida a reprodução,
no todo ou em parte, sem autorização prévia por escrito da editora,
sejam quais forem os meios empregados.
Direitos exclusivos de publicação em língua portuguesa para o Brasil
adquiridos pela
Editora Best Seller Ltda.
Rua Argentina, 171, parte, São Cristóvão
Rio de Janeiro, RJ — 20921-380
que se reserva a propriedade literária desta tradução

Impresso no Brasil

ISBN 978-85-465-0095-6
Seja um leitor preferencial Record.
Cadastre-se e receba informações sobre nossos lançamentos e nossas promoções.

Atendimento e venda direta ao leitor
sac@record.com.br

Dedico este livro a todas
as crianças que sofrem na guerra.
Vocês não estão sozinhas.

Onde há esperança, há vida.
Ela renova nossa coragem
e nos torna fortes de novo.

— ANNE FRANK

Nota da Autora

Estou muito feliz por ter conseguido escrever um livro, porque adoro livros e adoro ler.

Eu escrevo bem, porque pratico muito, mas, mesmo assim, precisei de alguma ajuda para escrevê-lo. Minha mãe e minha editora, que publicou este livro, me ajudaram a contar minha história em inglês. Estas são todas as minhas lembranças da guerra — os tempos felizes, os tempos assustadores e tudo o

que consegui recordar. Tentei não me esquecer de nada e contar tudo certinho. Espero que você goste do meu livro. Espero que ele faça com que você tenha vontade de ajudar as pessoas.

Querido Mundo

....

Era um perfeito dia de junho quando você veio ao mundo, Bana. Quente, luminoso e sem nuvens. Olhei pela janela do quarto do hospital, as mãos repousando na minha barriga inchada e sentindo você chutar e se contorcer como se já estivesse impaciente para estar aqui, e eu pensei: não poderia haver dia mais perfeito para uma nova vida começar. Por um instante, me esqueci da dor do parto e do medo do que estava por vir; em vez disso, pensei em como eu logo estaria sentada naquela cama, apertando-a em meus braços, e você veria aquela mesma luz forte do sol pela primeira vez, sentiria o calor dela em seu rosto; os primeiros preciosos momentos da sua linda vida.

Tínhamos esperado um longo tempo por você. Não apenas seu pai e eu, mas também todos os seus tios, suas tias e, especialmente, seus avós, que estavam ansiosos pela vinda do primeiro neto. Quando seu avô organizou meu casamento com seu Baba, nossas famílias concordaram que adiaríamos o matrimônio até eu terminar meus estudos. Depois, quisemos ter um pouco de tempo para sermos um casal, para conhecermos um ao outro, antes de termos filhos. Mas como Ghassan e eu somos os mais velhos das nossas famílias e fomos os primeiros a nos casar, todos estavam prontos para um novo pequenino e para que começássemos a nova geração. Foi assim que, quase a partir do primeiro dia depois do nosso casamento, em cada jantar de família ou visita, alguém — em especial a vovó Alabed — inevitavelmente, insistia: "Está na hora de vocês terem um bebê."

O que eles não sabiam era que eu estava com dificuldades para engravidar e tive que me consultar com muitos médicos durante mais de um ano. A cada mês que nada acontecia, eu ficava ainda mais apavorada com a possibilidade de que nunca fosse acontecer, de que eu nunca seria mãe. Certo dia, no meio desse ciclo de esperança e decepção, seu Baba e eu estávamos passeando na Cidadela de Aleppo, um dos meus lugares favoritos. Os antigos muros de pedra sempre me faziam sentir-me segura e tranquila. Aleppo é uma das cidades ininterruptamente habitadas mais antigas no mundo, Bana. Você sabia disso? Pensar nisso me tranquilizou, e eu me senti conectada à nossa história e aos nossos ancestrais que caminharam por esse mesmo lugar ao longo de milhares de anos.

O local estava sempre cheio, com famílias e casais, e esse dia não era diferente. Havia muitas pessoas desfrutando um dos primeiros dias da primavera. As coisas eram assim antes da guerra — muitos dias comuns: seu pai ia trabalhar, eu visitava seus avós e fazia compras para o jantar, ajudava a vovó Alabed na cozinha e mais tarde dava um passeio depois do jantar.

É difícil pensar sobre isso agora. Aceitávamos como algo natural que as coisas sempre seriam assim, sem ter como saber, ou mesmo compreender, o que o futuro nos reservava. Teria sido impossível imaginar, naquela época, que aquele lugar onde passeávamos, que ali se erguia havia séculos, em breve estaria praticamente destruído. Mas tudo isso estava no futuro; naquele dia éramos felizes.

Você sabe que seu pai pode ser um pouco quieto às vezes, mas ele ficava animado quando falava sobre o futuro. Ele tinha acabado de comprar um berço. Achei que aquilo poderia trazer má sorte, já que eu ainda não estava grávida, mas seu Baba é otimista desse jeito. Ele age como se o futuro, os sonhos e planos dele estivessem garantidos. Essa é uma das coisas que eu mais gosto nele. Naqueles primeiros dias do nosso casamento, passávamos horas falando a respeito da vida que queríamos ter, e era isso que estávamos fazendo no nosso passeio. Uma menininha que estava por perto chamou nossa atenção. Ela devia ter mais ou menos 4 anos. Ela era linda, com cabelos longos e cheios, e radiantes olhos cinzentos. Não conseguíamos parar de olhá-la enquanto ela corria e dava risadas; meu coração foi tomado por um anseio tão intenso que quase desabei sob o peso dele. Seu pai se virou para mim e disse que essa era a criança que ele imaginava para nós: uma filha, uma menina com cabelos longos, repleta de energia e risos. Uma menina que cativasse desconhecidos. Naquele momento, uma calma tomou conta de mim. De algum modo, eu soube que ficaria grávida; eu soube que você viria. E que você seria uma menininha que todos amariam.

Só pudemos trazer da Síria poucos objetos preciosos — algumas antigas fotos de família, uma cópia do nosso convite de casamento, cachos do seu primeiro corte de cabelo e dos seus irmãos, e o teste de gravidez que fiz no dia que descobri que ia ter você. Mesmo agora, quando olho para a linha azul desbo-

tada, volto a sentir o que senti naquele dia — quando quase explodi de emoção ao pensar no futuro. Quando eu soube que finalmente iria ser mãe. Sua mãe. Quando tudo parecia possível e o futuro era ilimitado.

Nove meses depois, quando a colocaram nos meus braços, você fixou em mim seus enormes olhos castanhos, e eu senti um choque de amor tão forte que foi como se uma corrente elétrica estivesse, de fato, passando pelo meu corpo. Primeiro, rezei para Alá, pedindo para que você tivesse boa saúde e uma alma bondosa. Disse minha oração favorita do Corão: "Amparo-me no Senhor da Alvorada; Do mal de quem por Ele foi criado. Do mal da tenebrosa noite, quando se estende. Do mal dos que praticam ciências ocultas. Do mal invejoso, quando inveja!" Eu repeti esse verso em voz alta para você durante toda minha gravidez, porque eu tinha lido que você podia ouvir minha voz, e eu queria que você nascesse conhecendo Deus. Depois, eu me inclinei e sussurrei meus sonhos para você no seu ouvido para essas fossem as primeiras palavras que você ouvisse, para que, a partir de então, você pudesse carregar esses sussurros no coração.

Seu nome significa "árvore", em árabe. Nós o escolhemos porque é um nome forte, e queríamos uma menina forte. E você é, Bana — você é forte e corajosa. E sábia para sua idade. As pessoas chamam isso de "alma velha". Você chegou ao mundo com uma sabedoria que todos à sua volta sentiram e pela qual foram atraídos. E isso ainda me enche de orgulho.

Mesmo quando bebê, você era muito atenta e observava tudo à sua volta como se soubesse exatamente o que estava acontecendo. Você nunca queria dormir, como se não ousas-

se perder um momento de nada. Quando nos reuníamos com todas as suas tias e tios na casa da vovó Alabed, você parecia acompanhar a conversa, e seus olhos brilhantes perscrutavam o rosto de todos que estavam à sua volta enquanto você era passada de colo em colo e era adorada. Todos queriam brincar com você ou levá-la para dar uma volta, especialmente seu tio Nezar. Implicávamos com ele por sempre querer levar você para o parque ou para o mercado porque você era tão engraçadinha que todas as garotas bonitas iriam querer parar para paparicar você, e ele poderia conversar com elas, então.

Você se lembra de como ficou feliz ao aprender a ler? Você só tinha três anos, minha menina esperta! Mas seus dedinhos rechonchudos seguiam as páginas dos seus livros prediletos enquanto você mordia o lábio, concentrada, e pronunciava cuidadosamente cada palavra.

Isso me deixa muito feliz — sua curiosidade e o quanto você sempre esteve ansiosa para aprender — porque você herdou isso de mim. Eu adorava a escola. Uma das minhas lembranças favoritas da infância é de quando eu era apenas um pouco mais nova do que você é agora e comecei a estudar. Eu ficava tão animada quando minha mãe, sua Nana Samar, ia me buscar na escola e íamos a pé em uma caminhada de vinte minutos até em casa e eu podia contar para ela tudo o que eu estava aprendendo — que eu sabia escrever meu nome, somar números de dois algarismos e dizer as horas. Eu sentia que não conseguiria aprender tudo o que eu queria saber com rapidez suficiente. Você é do mesmo jeito.

Quando eu estava te ensinando a ler, imaginava que, em poucos anos, seria eu a levá-la para a escola. Como eu aguar-

dava ansiosa para que esse tempo chegasse, os dias em que você agarraria minha mão e me contaria todas as coisas empolgantes que estava aprendendo. Como examinaríamos seu dever de casa juntas, na mesa, todas as noites enquanto eu prepararia o jantar. Nunca pensei que você não poderia ir à escola, porque todas as escolas seriam destruídas. Nunca me ocorreu que em vez de nos sentarmos à mesa para fazer o dever de casa, estaríamos agachadas debaixo dela enquanto bombas caíam à nossa volta. Ou que já no seu quarto aniversário, a sua infância — a infância segura, feliz e tranquila que toda mãe sonha para seus filhos — irromperia em um pesadelo.

Você teve três anos perfeitos na Síria, Bana. Espero que você nunca perca essas memórias de antes da guerra, quando você nadava com Baba na piscina, cantava as canções bobas que você e Yasmin gostavam de inventar, implorava para que a levássemos para andar na roda-gigante, o ar tomado pelo doce aroma de jasmim do nosso pequeno jardim.

Espero que a terra natal dos seus primeiros anos esteja gravada em você e que você entenda que, onde estiver, o sangue da Síria e o orgulho do nosso povo correm nas suas veias. Quero que você se agarre ao sentimento de estar cercada pelas suas tias, seus tios e seus avós, embora estejamos todos espalhados agora. Desejo que esse sentimento de entrosamento seja parte de você e faça você se sentir segura. Que as memórias dos primeiros e felizes anos de sua vida sempre vivam dentro de você como parte do seu espírito para confortá-la e para ser uma fonte de esperança e coragem.

Guarde no coração tudo o que aconteceu antes, Bana; foi lindo.

*Nasci com um
sorriso no rosto.*

Mamãe me disse que eu nasci com um sorriso no rosto. Ela diz que eu sempre fui feliz, embora eu não quisesse dormir porque não queria perder nada.

Eu tinha muitas razões para ser feliz quando era pequena. Meu Baba sempre me levava para nadar na Piscina Alrabea, e era a coisa que eu mais gostava de fazer. Brincar no balanço era a segunda coisa que eu mais gostava de fazer. Eu também ia ao mercado com meus tios para comprar gelatina (sempre vermelha, porque esse é o melhor sabor). Minha família ia comer em restaurantes, e eu conversava com muitas pessoas diferentes. Ou, então, muitas noites jantávamos juntos na casa da vovó Alabed, e sempre havia muitas pessoas lá — porque tenho muitos tios e tias, quatro avós e duas bisavós. Eu tinha muitos livros que eu adorava ler, especialmente o meu favorito, *Branca de Neve*. Eu gosto de todas as histórias sobre princesas.

E outro grande motivo para ser feliz: meu irmãozinho. Rezei para que mamãe tivesse uma menina, porque eu desejava desesperadamente uma irmã. Mas meu irmão era pequenininho e bonitinho, com o cabelo preto e grosso, macio como o de uma boneca —então não foi tão ruim assim ele ser um menino. Quando mamãe estava grávida, escolhi um nome para uma irmã: Warda, que quer dizer "flor", porque outra coisa que eu adoro são as flores. Mas não é possível chamar um menino de Warda. Em vez disso, demos a ele o nome de Liath (que significa "Leão") Mohamed. Nós o chamamos de Mohamed.

Eu só tinha 3 anos quando Mohamed nasceu, mas eu cuidei dele. Eu levava fraldas para a mamãe quando ela precisava trocá-lo, dividia meus brinquedos com ele e dizia para ele ficar quieto quando estava chorando.

À noite, eu pegava Mohamed no colo, e mamãe se sentava perto de nós no sofá da sala e lia para nós. Baba entrava, se sentava em sua cadeira favorita e também ficava ouvindo a mamãe ler. Quando ela terminava a história, eu ia para o colo de Baba enquanto ela punha Mohamed na cama. Mamãe dizia para Baba que ele também devia me levar para a cama, mas nós dois preferíamos quando eu adormecia no peito dele. Ele me contava histórias de quando era pequeno e outras que ele inventava. Minha favorita era a respeito de uma mãe ovelha que deixa seus bebês em casa e diz para eles só abrirem a porta para quem souber a palavra secreta, mas um lobo aparece e engana os bebês, fazendo com que eles pensem que é a mãe deles. Eles abrem a porta, e o lobo come os carneirinhos! Detesto essa parte. Mas a mãe tira os bebês da barriga do lobo e coloca pedras no lugar.

Eu conseguia sentir a voz de Baba através do seu peito quando ele me contava as histórias, e aquilo me aquecia por dentro. O colo de Baba era o melhor lugar.

Assim, não aconteciam muitas coisas ruins à minha família. Mamãe diria que somos abençoados. Eu achava que minha família seria sempre feliz.

*Eu queria morar para
sempre na Síria.*

Eu queria morar para sempre na Síria, porque é um lugar especial. É um país muito, muito antigo, e minha família sempre viveu lá. Vovô Malek diz que é importante entender de onde você vem, porque isso faz de você quem você é. Ele diz que devemos ter orgulho de sermos sírios, porque os sírios são bondosos e honestos. Você pode deixar um milhão de libras na sua casa e ninguém roubará o dinheiro. Sempre dividimos o que temos com os vizinhos e cuidamos da nossa família, porque família é a coisa mais importante para nós. Sabemos que devemos ser sempre generosos, leais e fiéis a Alá. Rezamos muito para que Deus nos ajude a ser bons. Queremos uma vida simples. Isso que é importante para nós.

Quando o vovô era menino, ele morava no interior. Quando cresceu, se casou com Nana Samar, que foi criada em Aleppo, e eles se mudaram para lá — embora o vovô sempre dissesse que gostava mais do campo porque é mais tranquilo e o ar é mais puro. Mamãe e todos seus irmãos e irmãs nasceram em Aleppo. E Baba, os irmãos e a irmã dele, também. Eu também nasci em Aleppo, como eles. Quando crescesse, eu ia morar na mesma rua que minhas melhores amigas, Yasmin e Fatemah, e que mamãe e Baba, assim como eles moram na mesma rua que os pais deles. Minha família e eu poderíamos jantar juntos o tempo todo, iríamos passear na Cidadela de Aleppo e todos riríamos muito. Todos na minha família gostavam de rir, de modo que isso era fácil. Eu ia ser professora e ensinar as crianças sírias a falar inglês.

Esses eram meus sonhos.

*Nada nos ajudava a esquecer de
que Baba não estava lá.*

Então, os maus tempos começaram. Primeiro eles vieram e levaram Baba. Mamãe, Mohamed e eu estávamos na casa da vovó Alabed. Baba e os irmãos dele estavam mais adiante na rua, sentados na frente do mercado, como de costume. Eles ficavam ali quase todos os dias ao anoitecer, sentados em cadeiras dobráveis, bebendo chá de maçã, rindo a respeito de lembranças engraçadas ou discutindo quem era melhor no PlayStation ou quem era mais esperto e conseguia falar mais alto, embora ninguém fosse louco de verdade. Baba e todos seus irmãos cresceram no nosso bairro, e todos seus amigos também se reuniam ali. Mamãe dizia que eles gostavam de fingir que ainda eram adolescentes. Eu me sentava com eles, às vezes, e eles brincavam comigo sobre como eu achava que já era crescida mesmo sendo pequena.

Nesse dia, o tio Nezar veio correndo para a casa da vovó Alabed, onde mamãe, vovó e eu estávamos preparando o jantar, e nos disse que eles tinham levado Baba embora. "Eles" são os *Mukhābarāt*, a polícia secreta que trabalha para o presidente da Síria, Bashar al-Assad.

Perguntei à mamãe por que Baba não estava vindo para

casa, aonde Baba tinha ido e quando ele estaria de volta.

"Ele estará em casa logo, Bon Bon", disse ela, me dando um abraço. "Algumas pessoas precisam fazer algumas perguntas para ele. Tudo ficará bem."

Mas eu não sabia se isso era verdade, porque todos pareciam muito preocupados. Ninguém nem quis comer o jantar que tínhamos preparado. Todos os tios ficaram na sala conversando a respeito de como a polícia tinha levado Baba porque o regime pensa que todo mundo é espião — especialmente os homens. Eles têm que interrogar as pessoas para descobrir quem é leal. Meu Baba não era espião, ele era advogado; seu trabalho era ajudar as pessoas e garantir que as coisas fossem justas.

Dormimos na casa da vovó naquela noite porque era muito triste ir para casa sem Baba. Era melhor ficar na casa da vovó e nos preocuparmos com Baba todos juntos. Mas no dia seguinte, Baba não tinha voltado. Não sabíamos onde ele estava. Tentamos cantar músicas. Tentamos colorir. Tentamos ler, mas nada nos ajudava a esquecer de que Baba não estava lá. Mohamed não parava de chorar chamando por Baba, porque ele nunca sumira antes. Eu ficava repetindo para ele o que mamãe tinha me dito: "Ele logo estará em casa." Naquela noite, mamãe rezou comigo. Pedimos a Deus, por favor, que fizesse com que Baba voltasse logo.

Funcionou! No dia seguinte, Baba voltou para casa. Ele parecia cansado e estava cheirando mal, mas nós o abraçamos mesmo assim. Ele disse: "Estou bem. Tudo vai ficar bem."

Mas não ficou bem, porque logo vieram as bombas.

"Vocês estão bem? Vocês estão bem?
Vocês estão bem?"

Quando a primeira grande bomba caiu, eu não entendi o que tinha acontecido. Era apenas um dia comum; eu estava com Mohamed na casa de Nana Samar e do vovô Malek. Eles cuidavam de nós durante o dia enquanto mamãe ia para a faculdade e Baba para o trabalho. Mamãe adorava a universidade e estava estudando para ser advogada, como Baba. Eu gostava de fingir que também ia para a universidade e coloria meus cadernos para o meu dever de casa.

Estava sentada no chão brincando com minhas bonecas. Eu tinha duas favoritas: uma era alta, como eu, e usava uniforme porque ia para a escola, e a outra era um bebê com um vestido cor-de-rosa. Mohamed estava engatinhando de um lado para o outro perto de mim, e sempre ria quando eu fazia minhas bonecas falarem com uma voz engraçada, e era o que eu estava fazendo quando de repente houve um BUM! Foi o barulho mais alto que eu já tinha ouvido na minha vida, um barulho tão grande que eu pude senti-lo no corpo, não apenas ouvi-lo. O som e a surpresa fizeram meu corpo parecer gelatina.

Não sabíamos o que fazer, porque não sabíamos o que estava acontecendo. Mohamed começou a chorar, e Nana Samar veio correndo da cozinha. "Venham, venham! Afastem-se da vidraça!" Todos corremos para a cozinha, onde não havia janelas. Perguntei a Nana que barulho tão alto tinha sido aquele e por que tivemos que correr. Ela disse que uma bomba tinha caído em algum lugar em Aleppo.

"O que é uma bomba?" perguntei. Ela me disse que era algo que explodia as coisas.

Tive um pensamento horrível: e se ela tivesse explodido mamãe e Baba? Fiquei tentando fazer com que aquele pensamento fosse embora, mas não consegui. Senti que tudo dentro de mim estava tremendo e tive vontade de chorar, mas não chorei. Mamãe sempre me disse que eu era valente e forte, mesmo antes da guerra. Ela disse que Deus tinha me feito assim. Tive sorte por Ele ter feito isso, porque eu ia precisar ser forte muitas vezes e ainda não sabia disso.

Pouco tempo depois, ouvimos a porta da frente abrir, e mamãe entrou correndo na cozinha e nos agarrou. "Vocês estão bem? Vocês estão bem? Vocês estão bem?", ela perguntou várias vezes enquanto nos abraçava e beijava. Eu estava bem, mas quando vi mamãe comecei a chorar porque eu estava assustada e também muito feliz por ela estar ali. Ela telefonou para Baba no trabalho. Ele estava bem e logo viria nos encontrar. Eu pude sentir o coração da mamãe batendo em seu peito quando ela me abraçou. "Eu estava tão preocupada com você", ela disse. Mamãe era muito corajosa, como eu, embora também estivesse com medo. É possível sentir as duas coisas. Eu sei, porque isso começou a acontecer muito comigo a partir daquele dia.

Nana Samar também abraçou mamãe — ela sempre

dizia que mamãe era sua "menininha", embora mamãe já estivesse crescida. Ela nos disse que era melhor "nos prepararmos" e que mamãe deveria ir até o terraço e pegar minha piscininha para que elas pudessem encher, no caso de a água acabar.

Assim que mamãe nos deixou para ir ao terraço, outra bomba explodiu, maior do que a primeira, e fez mais barulho. Dessa vez eu gritei. Eu nem tive a intenção de fazer isso — o grito apenas escapou. Mamãe voltou correndo pela escada e me abraçou. Nana Samar agarrou a mão do vovô Malek e disse: "Oh, Deus. O que vamos fazer?" Mas ninguém respondeu.

A partir daí, mais e mais bombas começaram a cair todos os dias. Aviões enormes voavam pelo céu e deixavam cair bombas por todos os lados, onde quer que lhes desse na cabeça. Às vezes um avião voava tão baixo que conseguíamos ver o piloto. Ele sabia que estava ferindo e matando pessoas? Devia saber, mas como ele podia fazer aquilo?

Perguntei à mamãe, mas ela não sabia. Também fiz outras perguntas a ela, como por que as pessoas queriam nos ferir com armas e bombas. Eu não entendia por que havia luta. Sempre que eu fazia essas perguntas à mamãe, ela apenas me abraçava e dizia para eu não me preocupar. Ela dizia que tínhamos que rezar pedindo para que luta acabasse logo e todos ficássemos em segurança.

Assim, comecei a rezar todas as noites antes de ir para a cama: "Por favor acabe com a guerra." Eu queria que as coisas fossem como costumavam ser. Certa noite, mamãe ouviu minhas preces e disse: "Não vai ser sempre assim, Bana." Pude ver que ela também estava triste.

Ela disse: "Isto vai acabar logo."

Mas não acabou.

*Todos nós sabíamos o que fazer
quando ouvíamos as bombas.*

Se você nunca esteve em uma guerra, poderá pensar que só existe um tipo de bomba. Mas na verdade, há muitos tipos diferentes. Aprendi rapidamente o que todas elas são porque eu aprendo rápido. Uma maneira de saber a diferença entre as bombas é pelo barulho que elas fazem.

Uma emite um guincho longo e alto como um assobio e depois faz um grande *bum*.

Uma é como o motor de um carro que está acelerando, *vrum, vrum,* e depois faz *bum*.

Outra faz *bap, bap, bap* enquanto vai descendo. Essa é a bomba *cluster*, que é como uma grande bomba com muitas bombas menores nela, e partes pontudas se espalham por todos os lugares quando ela atinge o solo.

Outra, ainda, é silenciosa — quase não faz barulho, e depois, quando vem o *bum*, ela ilumina o céu de amarelo. A coisa que faz o céu se acender é chamada de fósforo. Certa vez, eu acordei e fui chamar a mamãe, porque já era de manhã. Mas mamãe disse que ainda estávamos no meio da noite. Eu disse a ela que conseguia ver o sol pela janela; estava claro do lado de fora. Mas era apenas o fósforo.

A bomba de cloro é a pior de todas. É preciso colocar

cloro na piscina para manter a água limpa, e isso nunca me incomodou quando eu ia nadar. Mas no ar, o cloro arde tanto os olhos que caem lágrimas mesmo se você não estiver chorando.

Todos sabíamos o que fazer quando ouvíamos as bombas: se elas estavam distantes, correr para o quarto na nossa casa que não tem janelas, o qual mamãe usava para guardar roupas velhas e coisas para limpar a casa. Se elas estavam perto, correr para o porão, ou pelo menos para o apartamento do tio Wesam, no primeiro andar.

Mesmo que estivéssemos no meio do jantar, assim que escutávamos o ronco dos aviões, nós nos levantávamos, abandonávamos a comida e descíamos correndo os dois lances de escada que iam dar no porão do nosso prédio. Nosso prédio tinha quatro andares: nós morávamos no segundo andar, e meus tios Wesam, Mazen e Nezar moravam com suas famílias nos outros andares. Eu gostava do fato de que todos nós morávamos no mesmo prédio, especialmente minha prima Lana, porque ela estava mais para a irmãzinha que eu sempre quis do que para uma prima.

E como todos morávamos no mesmo prédio, podíamos correr juntos para o porão. Havia dois porões no prédio. Ambos eram escuros e frios, com paredes cinzas de cimento, ferramentas velhas e caixas. Não havia eletricidade; às vezes tínhamos uma lanterna de mão, mas na maior parte do tempo tínhamos que simplesmente ficar sentados no escuro. Eu odiava o porão. Mas era mais seguro do que ficar no apartamento. Às vezes tínhamos que ficar sentados ali durante horas esperando que o bombardeio acabasse.

Depois, a comida estava fria, e ninguém mais queria comer. Limpávamos tudo e íamos dormir. E eu rezava mais um pouco.

Tínhamos que tentar esquecer
a guerra e ser normais.

Eid al-Fitr é meu feriado predileto. É quando os muçulmanos celebram o fim do Ramadã. O Ramadã é quando os adultos fazem jejum durante o dia por um mês inteiro. Depois, no fim do mês, há uma celebração que termina com o Eid. É um feriado divertido — ou costumava ser, antes da guerra. Limpamos a casa para o Eid, para que tudo fique brilhando e cheirando bem. Compramos roupas e sapatos novos — as lojas até mesmo ficam abertas a noite inteira para que todos possam comprar as coisas. Há, então, uma grande festa, com tanta comida que comemos sem parar até sentir dor no estômago. E fazemos orações especiais.

Fomos celebrar o Eid na nova casa da vovó e do vovô Alabed. Eu gostava mais da casa antiga deles. O apartamento antigo era muito grande, de modo que podíamos correr por ele, e tinha uma esteira ergométrica que era divertida de usar. Ele também tinha uma varanda grande. Eu tinha muitas bonecas que moravam lá, e elas também gostavam mais do outro apartamento. Mas a melhor parte era que ele ficava perto de nós em Aleppo Oriental, e eu ia a pé para a casa deles quase todos os dias. Mas quando o exército do regime começou a bombardear Aleppo Oriental, vovó ficou com medo das bombas e decidiu ir morar em um apartamento em Aleppo Ocidental. Era mais seguro lá, porque muitas das pessoas que apoiavam ou trabalhavam para o governo moravam lá. Antigamente, Aleppo era uma cidade só, mas hoje ela está dividida em duas partes, a oriental e a ocidental. Era especialmente perigoso no meio, porque era onde o Exército Sírio Livre estava lutando contra o regime. Havia muitos soldados e armas, e pessoas eram mortas quase todos os dias.

Depois da nossa festa do Eid, todos estavam de bom humor, mesmo havendo uma guerra. Mamãe sempre me lembrava que tínhamos que tentar esquecer as bombas e ser normais, e às vezes funcionava. Lana e eu estávamos brincando de faz de conta com as roupas novas que ganháramos para o Eid. Eu estava fingindo ser minha princesa favorita, Rapunzel. Quero que meu cabelo fique tão longo quanto o dela, então nunca vou cortá-lo. Ouvi mamãe receber uma ligação de Nana Samar. A irmã mais nova da mamãe, minha tia Eman, tinha levado um tiro. Ela tinha acabado de fazer as provas na universidade e estava em um carro indo para a casa da Nana Samar para festejar o Eid. Ela tinha sido atingida por um tiro que partiu de um helicóptero do governo que estava atirando nos carros que estavam tentando ir de Aleppo Ocidental para Aleppo Oriental. As balas tinham atingido a perna da tia Eman, e ela precisou ir para o hospital. Fiquei preocupada. Eu tinha certeza de que a perna dela estava sangrando muito. Eu realmente queria ver a titia e dar um abraço nela, mas ela estava muito longe, e era muito perigoso atravessar a cidade para ir ao lado oriental.

Nós só nos arriscávamos às vezes para ver vovó Alabed, mas somente durante o dia, depois de nos certificarmos de que não estava havendo muita luta. Ainda assim, era sempre assustador. Não sabíamos o que poderia acontecer.

Tinham levado tia Eman para um hospital no interior porque era mais seguro, e também porque muitos hospitais em Aleppo Oriental tinham sido bombardeados e não estavam mais funcionando. Tia Eman teve que ficar duas semanas no hospital antes de voltar para casa. Fiquei feliz por finalmente poder dar um grande abraço nela quando ela voltou para a casa da Nana, mas não gostei de ver as cicatrizes vermelho-escuras, que pareciam minhocas gordas, na sua perna. Vovô Malek disse que tia Eman "estava nova em folha".

"E se eles estiverem mortos?"

Houve, então, mais épocas ruins. Certo dia, meus tios Mazen e Yaman desapareceram. Eles saíram de manhã para buscar o café da manhã e não voltaram para casa. Ficamos muito preocupados achando que os *Mukhābarāt* os tinham levado como tinham levado Baba. Mas depois Baba recebeu um telefonema, e o homem no telefone disse que estava com meus tios e que teríamos que pagar para tê-los de volta.

Todos os meus tios vieram à nossa casa e conversaram às pressas, tentando descobrir o que fazer. Os sequestradores queriam mais dinheiro do que nós tínhamos. Baba telefonou para o homem e perguntou se ele aceitaria menos. Baba estava à frente da situação por que é o mais velho, como eu sou a mais velha. Ele teve que falar com os sequestradores e fazer um acordo. Depois Vovô Malek levou tio Wesam de carro para que ele entregasse o dinheiro. Eles deveriam deixá-lo em certa lata de lixo na Estrada Castello.

"Tenha cuidado", todos disseram ao tio Wesam. Vovó Alabed estava especialmente preocupada e mal queria deixá-lo ir quando o abraçou antes de ele sair. Estávamos nervosos, achando que os homens poderiam estar nos enganando, que eles pegariam o dinheiro, mas não devolveriam os Tios Mazen e Yaman.

Vovó Alabed chorou sem parar e perguntou: "E se eles estiverem mortos?" Garanti a ela que eles não estavam. Deitei minha cabeça no colo dela e disse: "Tudo vai ficar bem." Foi isso que mamãe sempre me disse.

Eu estava certa! Eles estavam vivos. Tivemos que esperar o dia inteiro, mas eles voltaram para casa antes de escurecer! Eles pareciam cansados e tristes, como quando Baba voltou para casa depois de ter sido levado pelos homens. Mas pelo menos ninguém os machucou. Os homens que os haviam sequestrado os deixaram de olhos vendados o tempo todo, então nunca soubemos quem eles eram.

Depois disso, vovô Malek disse que as coisas estavam ficando perigosas demais. Na guerra, você tem que escolher um lado, especialmente se for um rapaz. Você tem que defender o regime, caso contrário eles vão presumir que você é um rebelde e os *Mukhābarāt* o levarão embora. Assim sendo, vovô Malek disse que estava na hora de os irmãos mais novos da mamãe, Maher e Ahmad, irem embora. Isso me fez sentir muito mal por dentro. Eu adorava meus tios, porque eles me davam doces e sempre diziam que eu era mais como sua irmãzinha do que sua sobrinha. Agora eles iam estudar bem longe, no Egito.

Fomos todos para a casa de Nana Samar para nos despedir. Eu não conseguia acreditar que eles tinham que partir. Eu ia sentir tanta saudade deles. "Não quero que vocês vão embora. Quero que vocês fiquem conosco", eu disse a eles. Eles disseram: "Também não queremos ir." Corri atrás deles, para o lado de fora, quando entraram no carro. Eu podia ouvir mamãe me dizendo para voltar, e minhas pernas estavam queimando por eu estar correndo muito depressa tentando acompanhar o carro. Eu estava completamente sem fôlego! Mas eu não parei. Tio Maher acenou pela janela o tempo todo. Pouco antes de quase não poder mais ver o carro, eu consegui ouvi-los dizer: "Vamos vê-la em breve, Bon Bon!"

Mas eu nunca voltei a vê-los.

"Parem de atirar em nós!"

Depois de algum tempo, comecei a ficar quase acostumada com as bombas. Mas havia outras coisas aterrorizantes além das bombas, como quando a mamãe e eu estávamos na casa da vovó e do vovô Alabed para festejar o Eid al-Adha. Este feriado é algumas semanas depois do Eid al-Fitr e celebra o fim do Hajj, quando os muçulmanos vão para Meca, que é um lugar sagrado. O mais sagrado de todos. Isso significa que podemos nos sentir perto de Deus lá. Todos os muçulmanos devem fazer um Hajj uma vez na vida, se puderem. Mamãe fez quando tinha 16 anos.

Estávamos passando uma semana inteira na casa da vovó. Baba não pôde ir conosco na primeira noite porque estava ajudando o tio Wesam na loja de roupas; o movimento era grande por causa do Eid, com as pessoas comprando roupas novas para celebrar. Eu tinha ganhado um par de botas cor-de-rosa da Barbie que brilhavam. Gostei tanto delas que as usava o dia inteiro. Implorei para a mamãe deixar que eu dormisse com elas, mas ela disse que eu tinha que tirá-las quando fosse para a cama. Eu as deixei do meu lado para poder vesti-las assim que acordasse de manhã.

Eu estava dormindo quando fui acordada de repente por um forte *bap-bap-bap-bap*. Eu conhecia aquele barulho:

eram metralhadoras. Lana e Mohamed também acordaram, e eu disse a eles que soldados estavam lutando do lado de fora. Os adultos estavam acordados, e todos estavam correndo pelo apartamento gritando e tentando descobrir o que estava acontecendo. Por que os soldados tinham cercado o prédio da vovó e estavam atirando nele?

Era muito perigoso chegar perto das janelas porque havia muitos tiros. Também ouvimos granadas — bombas atiradas com as mãos em vez de lançadas dos aviões — explodindo em torno do prédio. Abrimos a porta para o corredor, e os gritos e o choro dos vizinhos se juntaram aos tiros e berros dos soldados. "O que é isso? O que está acontecendo? Por que estão atirando no prédio?" gritavam todos, assustados.

Decidimos correr para o porão o mais rápido que conseguimos. Vestíamos apenas nossos pijamas e estava frio lá. Tivemos que sair tão depressa que não tive tempo de vestir minhas botas novas da Barbie. Desejei ter dormido com elas como eu queria.

Todos os vizinhos se aconchegaram às suas famílias para se aquecer. Muitas horas se passaram, e continuamos a ouvir os tiros e os gritos dos homens. Estávamos ficando muito cansados e com fome. Não tínhamos comida ou água.

Um dos meninos pequenos não parava de chorar dizendo que estava com fome. Imaginei que ele não estivesse acostumado a ter que correr o tempo todo para o porão porque morava em Aleppo Ocidental. Mohamed e eu sabíamos ser bons, pacientes e ficar quietos no porão.

O pai do menino conversou com meus tios e algumas

outras pessoas, e decidiu ir até o alto da escada e gritar para os soldados pedindo que nos deixassem sair do prédio porque precisávamos pegar comida e água para as crianças.

Pudemos ouvi-lo gritar: "Parem de atirar em nós! Somos civis. Esta é nossa casa. Deixem-nos ir embora!"

Eu não conseguia acreditar que os soldados pudessem escutá-lo por cima dos tiros, mas um deles gritou de volta: "Tudo bem, saiam agora. AGORA! Vocês têm cinco minutos."

Mamãe agarrou Mohamed e a mim, subimos correndo a escada e fomos para o lado de fora. Permanecemos colados no prédio, como se estivéssemos nos escondendo. E corremos o mais rápido que conseguimos, como se estivéssemos em uma corrida. Já estava quase escuro, e ainda mais frio do lado de fora do que no porão. Eu tremia porque meu pijama era fino e eu estava descalça.

Corremos para o prédio ao lado, e as pessoas que moravam lá nos acolheram. Elas nos deram cobertores e um pouco de água. A água tem um gosto muito bom depois que passamos muito tempo sem bebê-la. Também é muito agradável senti-la descer pela garganta e depois parar no estômago. Eu pude sentir quando ela chegou ao estômago porque ele estava vazio depois de eu ter passado o dia inteiro sem comer.

Um dos meus tios foi perguntar às outras pessoas no prédio o que estava acontecendo. Ele voltou e nos disse que um homem importante que trabalhava para o regime estava morando no prédio da vovó. Os rebeldes tinham cercado o prédio para tentar capturá-lo.

Depois de mais algumas horas, escureceu completamente, e tudo ficou quieto. Os soldados foram para casa, assim pudemos fazer o mesmo. Telefonamos para o vovô Malek e pedimos que ele fosse nos buscar. Só tínhamos um carro e era perigoso atravessar a cidade para ir para Aleppo Oriental, por isso teríamos que fazer uma viagem só. Tivemos que enfiar onze membros da família no carro — quatro homens, quatro mulheres e três crianças. Não sei como fizemos isso. Estávamos encharcados e morrendo de frio. Senti pena de Mohamed que estava fedendo e chorando o tempo todo, porque sua fralda estava muito suja; ele não tinha sido trocado o dia inteiro. Os bons momentos do jantar do Eid pareciam tão distantes que mal conseguíamos nos lembrar deles.

Baba estava muito preocupado conosco quando chegamos em casa e contamos a ele tudo o que tinha acontecido. Ele disse que ajudaria a vovó e o vovô a encontrar outro lugar para morar. A vovó disse que talvez estivesse na hora de ela e o vovô fazerem planos para deixar a Síria. E depois ela chorou muito.

*Não havia mais
nenhum lugar seguro.*

Alguns dias depois, vovô Malek nos levou de carro até a casa da vovó Alabed para que pudéssemos pegar tudo o que tivemos que deixar para trás quando saímos correndo. Eu quis ir junto para pegar minhas botas da Barbie. Quando estacionamos na frente do prédio, vovô Malek disse: "Precisamos entrar e sair o mais rápido possível."

Mas quando entramos no prédio, encontramos muitos homens do regime. Eles estavam no apartamento da vovó e do vovô como se fosse deles. Eles seguravam armas maiores do que Mohamed. Estavam zangados e começaram a gritar. Um homem tinha dentes amarelos horríveis, e cuspia quando falava. Ele disse que um de nós certamente tinha contado aos rebeldes que seu amigo morava no prédio.

Mas nenhum de nós tinha feito aquilo, nem mesmo sabíamos que ele morava lá.

O homem não acreditou em nós. Ele disse que com certeza todos os homens da nossa família estavam trabalhando para os rebeldes. Ele disse a mamãe para telefonar para Baba e seus outros irmãos e dizer a eles para virem nos buscar naquela hora, ou então eles os encontrariam. Ele pediu nosso endereço.

Eu estava com medo porque ele não estava acreditando em nós. Baba estava em casa com Mohamed, e se levassem Baba embora, quem ficaria com Mohamed? Ou será que eles iriam levar Mohamed também? Eu não sabia.

O homem disse para os adultos: "Passem seus celulares para cá agora!"

Mamãe disse que não tinha levado o telefone. Em seguida, ela disse de repente: "Preciso levar Bana ao banheiro," embora eu não estivesse com vontade de ir ao banheiro.

Quando entramos no banheiro, mamãe disse: "Quieta, quieta", e pegou o celular. Ela o tinha escondido debaixo da roupa. O que foi muito inteligente. Não devemos mentir, mas dessa vez foi OK.

Ela ligou para Baba e sussurrou: "Ghassan, o exército do regime está aqui. Eles querem levar todos os homens. Se alguma coisa nos acontecer, você já sabe que foi o regime. Eu te amo." E em seguida ela desligou. Demos a descarga, mesmo eu não tendo usado o banheiro. Eu não queria sair do banheiro. E se os soldados decidissem atirar em nós?

Mamãe apertou minha mão, e isso fez com que eu me sentisse um pouco melhor.

Voltamos para a sala, e os soldados nos mantiveram ali durante mais quatro horas até que finalmente disseram que podíamos ir embora, mas acrescentaram que nunca mais poderíamos voltar. Tentamos juntar as coisas da vovó o mais rápido que pudemos, mas os soldados já tinham pegado a maior parte — o computador, a televisão, os lençóis, as toalhas e as roupas. Por sorte, minhas botas da Barbie ainda estavam lá, mas eu me senti mal por estar

feliz por causa disso, já que a vovó Alabed estava tão triste. Ela chorou mais um pouco. Parecia que a vovó Alabed
estava sempre chorando, e eu não sabia mais como fazê-la
se sentir melhor. Vovó e vovô não tinham para onde ir. As
coisas estavam muito perigosas em Aleppo Oriental, e não
tínhamos permissão para voltar a Aleppo Ocidental.

Não havia mais nenhum lugar seguro.

Eu odiava a guerra.

Antes que as grandes bombas chegassem, eu ia, às vezes, para a casa de Nana Samar e do vovô Malek, e algumas vezes por semana eu ia à escola. Eu estava aprendendo as letras, as cores e lendo muitos livros novos. Eu sempre ficava muito animada quando ia à escola.

Certa manhã, saí da cama como de costume e fui procurar a mamãe para poder trocar de roupa. Mas assim que eu me levantei, uma bomba detonou, e ela estava muito próxima. Eu me joguei no chão e cobri os ouvidos. Houve um *bum* e depois um grande estalo, como o de bater palmas, mas muito mais alto. Era o vidro nas janelas que tinha se estilhaçado. Um milhão de pedaços de vidro cortantes caíram sobre a cama onde poucos momentos antes eu estava dormindo.

Mamãe gritou meu nome e me agarrou. Seu rosto ficou branco como uma nuvem. Eu disse a ela que eu estava bem. Baba nos abraçou bem forte, e depois saiu para procurar meus tios para que eles consertassem o vidro. Desejei que eles pudessem consertar a guerra.

Não chorei quando ouvi a bomba, mas chorei mais tarde quando Baba e mamãe decidiram que eu não poderia mais ir à escola. Não era seguro, porque poderia cair uma bomba lá. O regime não gosta de escolas, e as bombardeavam muito.

Também tive que parar de nadar e de ir ao parque. Eu estava realmente me tornando uma boa nadadora quando tive que parar de nadar. Também não pude mais ir brincar do lado de fora com minha melhor amiga, Yasmin, porque uma bomba grande poderia cair sobre nós. Mamãe parou de ir à universidade porque era perigoso demais. Eu sempre sentia um nó na garganta quando pensava que não podíamos mais fazer as coisas que adorávamos. Eu odiava a guerra.

....

Era meu dever protegê-la, Bana. Para todas as mães, a maior prioridade é manter os filhos em segurança. No dia em que as primeiras grandes bombas começaram a cair em Aleppo, no verão de 2012, ocorreu aquele momento nauseante em que compreendi como tudo isso seria difícil. Era a primeira vez que eu me via diante desse desamparo — uma sensação que eu voltaria a sentir repetidas vezes.

Fora um dia bom — eu tinha feito minha prova final e estava satisfeita por me sentir tão confiante nas minhas respostas; as noites em que eu ficara acordada até tarde estudando na semana anterior depois de colocar você e Mohamed na cama tinham compensado. Eu estava me destacando e aproveitando minhas aulas, e como faltavam dois anos para eu me formar em direito, eu já estava visualizando minha carreira. Você sabe como eu amo lecionar; imaginei que eu poderia vir a ser professora da faculdade de direito para poder combinar duas das minhas maiores paixões.

Intermitentemente durante a prova, os outros alunos e eu escutamos o estrondo de pequenas bombas — distrações distantes às quais fizemos o possível para não dar atenção. A essa altura, já tínhamos alguma prática. É estranho, mas em um determinado ponto as bombas se tornaram uma espécie de ruído de fundo do qual conseguíamos nos desligar como se fossem pássaros ou a chuva. Mas naquele dia, a escala da guerra mudou quando chegaram os aviões e a ofensiva aérea começou em Aleppo.

Depois da prova, eu estava no ônibus indo buscar você na casa da vovó quando o céu explodiu. Foi difícil compreender o que estava acontecendo — era como se outra realidade tivesse surgido de repente, mas fiquei paralisada cinco minutos antes quando o mundo fizera mais sentido, quando eu estava pensando a respeito do que fazer para o jantar. Senti que eu não conseguia assimilar a nova situação, na qual bombas caiam do céu. Eu sei que é um clichê, mas era como se fosse um filme ruim, ou um pesadelo surreal. Parecia... inacreditável.

Os outros passageiros do ônibus pareciam chocados e confusos, e estou certa de que eu também parecia estar assim. Às vezes temos momentos na vida em que existe o antes e o depois, e compreendemos que essas duas vidas vão ser completamente diferentes. Esse foi um desses momentos. Uma mulher sentada do outro lado do corredor começou a rezar em silêncio, persistentemente.

Quando o ônibus atravessou a ponte al-Sha'ar, pudemos ver uma nuvem enorme de fumaça preta a poucos quilômetros de distância. Pude perceber que ela estava perto da casa da sua avó, onde você estava, e fui tomada pelo pânico. Eu já tinha ouvido a expressão "ficar sem ar", mas nunca soube que isso poderia acontecer literalmente. Eu me senti como se não houvesse ar no meu corpo, que meus pulmões tinham simplesmente parado de funcionar. Mas tarde, eu me familiarizaria com esse sentimento, mas naquele dia, ele ainda me era desconhecido. Eu realmente não sabia o que era medo até esse dia.

A jornada de meia hora até a casa da sua avó foi a mais longa da minha vida. Ter que se perguntar, mesmo que apenas por um segundo, se algo aconteceu aos seus filhos é uma tortura particular. Isso foi antes de carregar um celular comigo para toda parte — o que provavelmente é difícil até mesmo para você imaginar — de modo que eu não tinha nem como entrar em contato com seu pai ou seus avós para descobrir se todos estavam bem. Tudo o que eu podia fazer era esperar e me preocupar.

Assim, quando finalmente cheguei à casa da sua avó e abracei você e Mohamed, sabendo que, pelo menos naquele momento, vocês estavam vivos e em segurança... bem, foi um momento de felicidade mais puro até mesmo do que aqueles que eu tinha vivido quando você dois nasceram. Era uma felicidade nascida do alívio de saber que meu pior pesadelo não tinha se tornado realidade. Mas ela durou pouco, porque outra bomba abalou o momento. E assim tudo começou.

Provavelmente deveríamos ter estado mais preparados para esse dia, o dia em que a guerra chegou a Aleppo. As sementes haviam sido plantadas anos antes. Tínhamos acompanhado toda a luta e o tumulto nos outros países durante a Primavera Árabe. Governos caíram e líderes foram depostos e mortos em toda parte, mas tudo parecia muito distante. Nós achávamos que uma coisa assim nunca aconteceria aqui. Imagino que é isso que todo mundo acredita até que seja tarde demais.

Mas na Síria, naquela época, a vida era boa e, de um modo geral, pacata. Pelo menos se você fosse como a nossa família, de classe média e instruída, havia oportunidades, e você podia construir uma boa vida, como meus pais fizeram para mim, e os pais deles tinham feito antes deles, e assim por diante, até onde for a sua memória. Uma vida longa e feliz na Síria era seu direito nato, Bana, e você foi privada disso.

Mesmo quando a violência começou no nosso país — o levante em Daraa, em 2011, quando adolescentes foram presos e brutalmente espancados e torturados pelo regime por terem feito pichações atacando Assad na escola em que estudavam — ficamos chocados e estarrecidos, mas ainda assim ela parecia muito distante. Era trágico, porém longínquo, como muitas das dificuldades das pessoas. Não sentíamos muito a oposição em Aleppo, estávamos convencidos de que esses conflitos e rebeliões desapareceriam, seriam resolvidos ou continuariam reprimidos.

De fato, fiquei fora de mim quando o regime levou seu pai embora. Era a primeira vez que a agitação tinha chegado à nossa porta, e eu tinha ouvido as histórias horríveis sobre o que eles eram capazes de fazer — formas de tortura que você não conseguiria nem imaginar. Mas seu pai e eu não éramos pessoas ligadas à política — não éramos nem contra a nem a favor de nada — queríamos apenas trabalhar muito e prover a subsistência da nossa família. Eu sabia que Ghassan não tinha feito nada que pudesse causar preocupação. Embora aquelas tenham sido as horas mais longas da minha vida, imaginando e me preparando para o pior, eu ainda acreditava que seu pai ficaria bem, que ele voltaria para casa. A alternativa — a de que nunca mais voltaríamos a vê-lo — era incompreensível, por mais que tivesse acontecido com esposas no país inteiro; seus maridos tinham simplesmente desaparecido abruptamente.

Para mim, o otimismo era uma arma contra o medo e o desespero. A partir daquele momento, passei a me inclinar para a minha esperança como se ela fosse uma chama que eu não podia deixar que se apagasse. Contra todas as expectativas, seu pai e eu de alguma maneira acreditávamos — nos obrigávamos a acreditar — que seríamos poupados. O impulso humano para o otimismo é nossa maior força e nossa maior desvantagem.

Porque na realidade a guerra era como uma onda distante no oceano, reunindo força e energia. Na ocasião em que se elevou sobre Aleppo, então, ela era um tsunami que despencou sobre nós com um ímpeto e intensidade que nos pegou de surpresa, explodindo a nossa vida naquele dia em que eu estava no ônibus voltando da universidade. Havia o antes daquilo e o depois daquilo — um limite delgadíssimo traçado pelo destino.

Não tínhamos como saber como as coisas ficariam horríveis. Se tivéssemos compreendido desde o início o que acabaria acontecendo em Aleppo ou os horrores que nos aguardavam, teríamos partido. Muitas pessoas fizeram isso, pelo menos nos primeiros dias, quando ainda era possível. Algumas foram bem-sucedidas, mas também ouvimos as terríveis histórias de isolamento, pobreza e coisas ainda piores, como pessoas que acabaram vivendo em acampamentos ou morreram tentando atravessar mares perigosos e desertos para chegar a países que não desejavam a presença delas.

É muito difícil deixar para trás toda a sua vida e tudo o que você conheceu e se tornar um refugiado. Sem dúvida, as bombas eram aterrorizantes, mas a ideia de recomeçar sem nada era igualmente angustiante. Mesmo que fôssemos capazes de fazer isso logisticamente, que tipo de vida nós teríamos? Como seu pai trabalharia? Como teríamos dinheiro? Como faríamos amigos? Você poderia ir para a escola? A guerra tornara a nossa vida horrível, mas o desconhecido era igualmente assustador.

Há um ditado sírio que diz o seguinte: As ervas daninhas do seu país são melhores do que o trigo de uma terra estrangeira. Isso explica como somos apegados à nossa terra natal, e como somos leais. E também amávamos a nossa pequena casa, Bana, aquela que seu Baba e eu construímos e enchemos de amor, muitas lembranças e coisas especiais. Até mesmo o ar-condicionado tinha valor sentimental. Eu já contei para você a história do ar-condicionado? Ninguém na nossa família jamais tinha tido um aparelho de ar condicionado. Até mesmo no verão, quando o calor podia se tornar escaldante, sempre tínhamos vivido sem ele; o ar-condicionado era um artigo de luxo. Bem, quando trouxemos você do hospital naquela tarde quente de junho, seu pai se preocupou, achando que nosso apartamento estaria muito quente para você e, de repente, saiu correndo para comprar um aparelho, que ele instalou no seu quarto. Eu ri dele enquanto ele lutava e suava para colocá-lo na janela. Eu lhe disse que sempre tínhamos vivido bem sem um ar-condicionado e que você também viveria. Mas ele insistiu. "Quero que nossa menininha fique confortável", me disse ele, olhando para você como se você fosse a coisa mais preciosa do mundo. O que, é claro, você era.

É uma coisa tão pequena, uma bobagem talvez, mas para mim aquele aparelho se tornou um símbolo do amor do seu pai por você e do que ele faria para garantir que você sempre estivesse feliz, segura e confortável. E também havia as outras coisas — suas roupas, livros, bonecas e todos os outros luxos que seu pai e eu economizávamos para comprar. Como a televisão para a qual economizamos durante cinco meses e finalmente tivemos condições para comprar depois que Baba ganhou sua primeira causa importante. Nós nos sentimos tão adultos quando compramos aquela televisão! Essas são apenas "coisas", eu entendo isso, e as coisas podem ser substituídas. E, no entanto, as coisas podem ter importância, Bana. Elas são os objetos, amorosamente reunidos, que compõem um lar, e o lar é onde você se sente segura e amada. Isso importa. Muito. Mais do que qualquer outra coisa.

Desse modo, nossa escolha — ficar ou partir — estava entre dois males. Ou seja, quando tivemos uma escolha. Porque quando menos esperávamos, ocorreu um ponto sem retorno, e ficamos aprisionados; tornou-se impossível partir.

Nenhum dia se passa sem que eu pense do que poderíamos ter sido poupados — especialmente o pesadelo das duas últimas semanas na Síria — se tivéssemos partido. Foi o orgulho que nos fez ficar? O medo? A negação? Possivelmente tudo isso. Mas, principalmente, foi uma esperança obstinada — uma esperança que foi alimentada quando as coisas intermitentemente ficavam melhores, quando os bombardeios paravam durante dias ou até mesmo meses seguidos, propiciando-nos uma *amostra rara de normalidade.*

Além disso, como tínhamos alguma poupança, tivemos a sorte de conseguir lidar com as provações da guerra de uma maneira que outras famílias não podiam. Pudemos comprar um gerador e painéis solares, além de armazenar suprimentos. Com essas coisas, sentimos que poderíamos nos entrincheirar e resistir à tempestade até que as coisas melhorassem.

Mas sempre, sempre, as bombas voltavam e, a cada vez, eram piores ainda do que antes. O medo e o desespero voltavam a tomar conta de nós ainda mais intensamente do que antes, porque tínhamos ousado nos permitir acreditar que as coisas seriam diferentes dessa vez, que a guerra acabaria com o tempo. Aquilo nos lembrava de que a nossa esperança era tão frágil quanto as primeiras florações de jasmim no nosso jardim, e tão passível de ser esmagada.

As mães se sentem culpadas a respeito de tanta coisa. Você verá quando tiver seus filhos — você estará sempre cheia de preocupações. Eu rio quando penso nas coisas com as quais eu me afligia a noite inteira antes da guerra. Eu me preocupava cada vez que você espirrava ou tossia levemente. Você estava comendo doces demais? Quanto tempo de televisão eu deveria deixar você assistir? O que eu não teria dado para que essas tivessem continuado a ser minhas maiores preocupações. Preocupar-me com o que você comia, e não se você ao menos teria alguma coisa para comer. Preocupar-me com um pequeno resfriado, e não com a possibilidade de você ser atingida por uma bala ou estilhaços de bomba.

Hoje em dia, se eu deixar — e às vezes não consigo evitar — minha culpa me dilacera. O que mais eu poderia ter feito para protegê-la? Você vai ficar marcada? E como eu poderia ter evitado isso? O trauma que você viveu ficou gravado em você? Existem duas versões de você — aquela que você teria sido se tivesse crescido em condições de paz, e a menina que você é agora, moldada pela guerra?

É difícil descrever o estrago que viver o tempo todo com medo de perder a vida causa em nós. É um sentimento que você conhece bem demais, minha pequenina. Você viu mais mortes e destruição na sua breve vida do que a maioria dos adultos jamais viu a vida inteira, e Baba e eu não conseguimos protegê-la disso. Tentei esconder meu medo ao máximo, para que você não se assustasse.

Eu procurei manter as coisas o mais "normais" possível para você, Bana — mesmo durante esses tempos horríveis. Eu queria garantir que seu corpo físico ficasse em segurança, é claro, mas também queria me certificar de que seu espírito estaria protegido: que você pudesse saber e compreender que mesmo com todo aquele horror, ainda havia beleza no mundo. Que nós podíamos criar beleza no mundo, ou pelo menos na nossa casa e na nossa família, e nos protegermos com isso.

Tentei garantir que você compreendesse que a guerra pode ter trazido à luz o que há de pior nas pessoas, mas que ela também trouxe o que há de melhor e nos tornou agradecidos por cada momento de felicidade.

Você pode carregar algumas cicatrizes, Bana, de tudo o que você viu e vivenciou, mas também carrega uma força de espírito que foi formada por você crescer em uma guerra. Você aprendeu a alimentar o otimismo e uma capacidade de recuperação, sem os quais você teria desistido. Esta é a lição mais difícil e duramente conquistada que você aprendeu na sua jovem vida: a de que você nunca deve desistir da esperança, Bana. Ou se entregar ao desespero. Mesmo que essa pareça ser a única opção.

Se é possível ter algum consolo, é que essa lição e outras que você aprendeu na guerra tenham fortalecido seu caráter e lhe conferido novas perspectivas. Acredito que suas experiências, por mais que eu possa ter desejado poupá-la delas, a tornaram mais generosa e grata, ponderada e tolerante. Porque você viu a alternativa. Você viu o pior, e você expressou o que tem de melhor. E isso é alguma coisa, Bana. Isso é tudo.

Rezei pedindo uma menina

A guerra é horrível, estamos sempre esperando más notícias — o que foi destruído, quem está partindo, quem se feriu ou o que não podemos mais fazer por causa das bombas (como ir ao parque). Mas pode haver uma surpresa — boas notícias! Como quando a mamãe me disse que ia ter outro bebê!

Eu tinha rezado muito para Mohamed vir porque eu queria uma irmã. Mas eu não rezei para esse bebê porque eu estava ocupada pedindo a Deus para que a guerra terminasse — ainda assim, iríamos ganhar um de qualquer forma. Fiquei animada, mas também um pouco preocupada a respeito de como o bebê ficaria assustado com as bombas. Mohamed e eu éramos grandes o bastante para correr para o porão. Mas o bebê ia ser muito pequeno.

Às vezes, não sabíamos por quanto tempo teríamos que ficar no porão. Às vezes, eram algumas horas, mas outras vezes eram muitos dias seguidos. Portanto, tínhamos sempre que nos lembrar de pegar bastante comida, água e cobertores quando as bombas chegavam. Mamãe agarrava uma bolsa que tinha nossas coisas de valor e o seu Corão. Eu tentava me lembrar de pegar uma boneca e um livro quando podia, que era tudo o que eu conseguia carregar. Agora teríamos que nos lembrar de carregar o bebê também.

Eu disse à mamãe que eu estava muito feliz porque ela ia ter outro bebê e prometi ajudá-la assim como a ajudara com Mohamed — e até mesmo mais, porque agora eu estava mais velha. Perguntei se ela achava que o bebê ficaria assustado com as bombas ou se ele seria corajoso.

Seus olhos brilharam, e ela disse: "Vamos ter que ajudá-lo a ser corajoso."

"Ele? É um menino?" perguntei. Eu estava desapontada, porque eu ainda queria uma irmã. Mamãe disse que, na verdade, não sabia se o bebê era um menino ou uma menina, e que isso seria uma surpresa. Achei isso bom, porque gosto de surpresas. Mas ainda assim rezei pedindo uma menina, com cabelo louro como o da minha boneca.

Enquanto a barriga da mamãe estava crescendo, não houve muitas bombas. Era assim que as coisas foram durante algum tempo — às vezes muitas bombas, e às vezes nem tantas. O dia era bom quando ouvíamos apenas três ou quatro bombas, e elas estavam bem longe. O dia era ruim quando ouvíamos dez bombas e elas estavam perto. Às vezes, havia tantos dias bons seguidos que nos esquecíamos da guerra. Às vezes, até mesmo podíamos ir ao parque. Tínhamos que passar por cima de muito cascalho, e o parque estava sujo e cheio de poeira, mas mesmo assim era divertido. Yasmin e eu limpávamos uma parte plana para poder pular corda. E, às vezes, brincávamos de amarelinha.

Mamãe ficava cansada durante a gravidez, portanto, eu tentava ajudá-la ainda mais. Todos os dias, tínhamos sempre que garantir que teríamos água suficiente. Antes da guerra, a água vinha da pia, mas as bombas interromperam a água e a energia, e às vezes o governo desligava a eletricidade que bombeava a água quando ficavam zangados. Às vezes, ficávamos sem água durante um longo tempo, de modo que tínhamos que armazenar uma grande quantidade em jarros e usá-la com cuidado.

Nem sempre sabíamos quando a água viria ou por quanto tempo ela estaria disponível. De vez em quando um vizinho avisava a todos passando pelas ruas gritando: "Temos água!" Mesmo que fosse no meio da noite, tínhamos que nos levantar e pegar água, já que não sabíamos quando ela voltaria. Baba e eu enchíamos jarros da água nos enormes tanques da rua. Também tínhamos que esperar em uma longa fila para enchê-los. Eles eram muito pesados depois de cheios, mas Baba e o tio Wesam diziam: "Estamos quase chegando, Bon Bon, vamos lá." Quando finalmente chegávamos de volta ao nosso prédio, meus braços estavam muito cansados e trêmulos.

Às vezes, quando não havia água por perto, tínhamos que pegar o carro e ir bem longe para buscá-la. Levávamos uma enorme caixa de metal e tentávamos pegar o máximo que conseguíamos. Buscar água dava muito trabalho, mas é impossível viver sem ela.

Baba colocou grandes painéis no terraço que transformavam o sol em eletricidade para que ele e a mamãe pudessem carregar os celulares e Mohamed e eu pudéssemos ver televisão. Mas só podíamos assistir a ela uma hora por dia. Na maioria dos dias eu escolhia o programa que iríamos assistir, mas eu me lembro de deixar Mohamed escolher algumas vezes. Ele sempre queria assistir a *Bob Esponja Calça Quadrada* ou desenhos de Tom e Jerry. Eu achava que esses programas eram meio bobos, mas Mohamed também precisava esquecer a guerra.

"Está na hora de partir."

Finalmente, chegou a hora de o bebê nascer, o que foi ótimo, porque eu estava cansada de esperar. Mas havia um problema. O regime não parava de explodir hospitais em Aleppo Oriental, então não havia lugar para o bebê nascer ou médico para ajudar a mamãe. Os poucos médicos que restaram estavam ocupados ajudando pessoas que tinham sido atingidas pelas bombas. As coisas estavam ficando ruins de novo.

Mamãe e Baba estavam preocupados. Eles tentavam fingir que não estavam, mas eu conseguia perceber que eles estavam porque mamãe se distraía muito e, às vezes, ficava muito quieta. Alguns bebês tinham nascido doentes por causa da guerra. Eu deveria ter tido um priminho, mas ele não chegou a nascer porque não tinha ossos. Não havia comida suficiente, e o ar estava sempre muito cheio de poeira e substâncias químicas nocivas que cheirava a metal e óleo fervente.

Além disso, não é bom para os bebês quando estamos assustados o tempo todo, e eles não crescem. É por isso que mamãe disse que tínhamos que ficar calmos e felizes enquanto ela estivesse grávida. Nós lemos para a barriga da mamãe. Eu li livros que achei que o bebê iria gostar, como *A raposa ganancio-*

sa, e mamãe lia o Corão. Queríamos que o bebê viesse ao mundo sorrindo como eu e sabendo que Deus o ama (ou a ama)!

Mas agora que as bombas estavam ficando ruins de novo, eu estava preocupada a respeito de como o bebê viria ao mundo.

Certo dia, quando a barriga da mamãe estava tão grande que ela mal conseguia se mexer, projéteis de uma bomba atingiram o prédio da Nana Samar e do vovô Malek e causaram estragos por toda rua. Nós estávamos no porão porque as bombas estavam muito perto, e quando subimos ficamos assustados. Nunca sabíamos quem tinha morrido quando subíamos, ou o que tinha sido destruído.

Dessa vez, tinha sido muito ruim. O prédio do vovô tinha dois andares. Eles moravam no primeiro, e um bom homem chamado Abdo pagava ao vovô para morar no andar de cima com a família. Os projéteis da bomba atingiram Abdo e o machucaram muito. O vovô disse que ele, a vovó ou qualquer um dos meus tios e tias que moravam lá poderiam facilmente ter sido atingidos pelos projéteis.

Vovô ficou sentado na nossa sala e abraçou a vovó, que estava chorando, e disse: "Não podemos mais passar por isso."

Todos estavam muito sérios, e eu fiquei pensando em como poderia fazê-los rir. Vovô então disse: "Está na hora de partir. Podemos arrumar a bagagem amanhã, organizar tudo e partir de manhã cedinho depois de amanhã."

Esqueci-me da ideia de fazer todo mundo rir. Senti uma coisa estranha no estômago.

Eu me deitei ao lado do vovô no sofá e pus a cabeça no colo dele. "Por favor não vá embora", eu disse. Vovô apenas acariciou meu cabelo.

"Só estamos indo para a Turquia, Bon Bon. Apenas por pouco tempo. Até que as coisas melhorem por aqui."

Ele levantou os olhos para a mamãe e Baba. "Vocês também deveriam partir. Não é seguro permanecer aqui. As coisas estão piorando."

Tive de novo aquela sensação estranha no estômago.

Mamãe e Baba estavam quietos. Eu sabia que eles também não queriam ir embora. Mas se todo mundo partisse, não seria tão divertido ficar. E Nana Samar deveria me ajudar a ajudar a mamãe com o bebê. Agora eles nem mesmo iriam conhecê-lo! Pelo menos a vovó e o vovô Alabed ainda estavam aqui para ajudar.

Enquanto mamãe ficou em casa para descansar, o resto de nós foi ajudar a vovó e o vovô a ver o que eles podiam colocar na bagagem. Pegamos o que pudemos entre os pedaços partidos do piso e das paredes. Eu não tinha que tomar banho com muita frequência, pois tínhamos que economizar água, mas nessa noite eu tomei porque estava toda coberta de poeira.

Mamãe e Baba ficaram conversando até tarde. Eu deveria estar dormindo, mas ouvi a voz séria deles. Não consegui dormir, porque sabia que no dia seguinte teríamos que nos despedir da vovó e do vovô, e eu estava com medo de não vê-los nunca mais.

"Não chore, Bon Bon, eu a verei em breve."

De manhã cedo, as bombas estavam de volta. Todas as manhãs acordávamos com as bombas como se fossem pássaros nos chamando.

Corremos para o porão. Como a barriga da mamãe estava muito grande por causa do bebê, ela não era tão rápida, e eu me preocupava com isso. Antes mesmo de chegarmos ao porão, ouvimos um grande barulho. Havia estilhaços de vidro por toda parte. Mas nem mesmo paramos para ver onde ou o que tinha acontecido; apenas continuamos a descer correndo.

Mas mamãe estava tremendo. Ela estava pálida e parecia muito cansada. Ela ficou deitada com Baba no chão do porão e chorou. Mamãe não chorava muito, mas quando ela chorava, eu também chorava, automaticamente, como se nossas lágrimas fossem as mesmas. O pior sentimento do mundo era ver a mamãe abalada. Deitei a cabeça na barriga dela e escutei o bebê nadando. Isso me fez sentir-me mais calma.

Quando o bombardeio parou, subimos para o apartamento e vimos que as janelas da sala tinham sido destruídas de novo. Todos ajudamos a catar os pedaços de vidro do chão.

Essa era a quinta vez que isso acontecia; não conseguimos nenhum vidro, então Baba colocou náilon em vez de vidro nas janelas.

Nana e o vovô vieram até nossa casa, mais tarde naquela noite, para se despedir. Não ia ser adeus, afinal de contas, porque a mamãe e Baba tinham um novo plano. Mamãe decidiu que era perigoso demais permanecer na Síria para ter o bebê, então ela, Mohamed e eu iríamos com a vovó, o vovô, tia Nouran, tio Saleh e a mãe do vovô para a Turquia.

Essa foi uma ótima notícia, porque não tive que me despedir deles. Mas também foi uma má notícia, porque Baba não ia conosco. Ele ia ficar em Aleppo e manter nossa casa segura para que ninguém entrasse e roubasse nossas coisas por achar que tínhamos ido embora para sempre. Ele acreditava que logo voltaríamos da Turquia porque a guerra iria melhorar. Nesse meio tempo, ele queria ficar e ajudar outras pessoas. Além disso, ele não tinha um passaporte para entrar na Turquia.

O vovô e a Nana nos disseram que era uma boa ideia irmos com eles, mas eles só tinham um carro para nós e todos os pertences deles. Vovô não tinha certeza se haveria espaço suficiente para todos os seus filhos e netos — oito pessoas — no carro. Ele tinha uma expressão no rosto quando nos disse isso como estivesse com uma forte dor de cabeça, mas disse que encontraríamos uma solução.

Eu não sabia o que eu queria. Era melhor que houvesse lugar no carro ou não? Era melhor deixar Deus decidir.

Pela manhã, tio Saleh veio até nossa casa e disse que havia lugar para todos nós, mas que tínhamos que estar prontos em meia hora. Tivemos que nos arrumar rápido — mas não levamos nada, nem mesmo uma das minhas bonecas. Mamãe disse que poderíamos comprar algumas roupas e pijamas na Turquia.

Eu estava aborrecida porque não podia levar minhas bonecas, mas eu queria levar Baba, principalmente.

Havia tantas pessoas e tantas coisas no carro que ficamos apertados uns contra os outros sem poder nos mexer. Não haveria lugar para Baba, de qualquer jeito, mas eu pensei que talvez pudéssemos conseguir outro carro ou jogar fora algumas coisas para que Baba pudesse ir conosco. E poderíamos explicar para as pessoas na fronteira por que Baba não tinha um passaporte, e eles nos deixariam passar porque somos uma família.

Mas Baba disse: "Não, Bana, preciso ficar aqui. Verei você logo." Ele me levantou, e senti o cheiro da colônia dele, uma mistura de sabão com árvores, e pensar que eu não iria mais sentir aquele cheiro me fez começar a chorar. Chorei muito dessa vez. Não consegui evitar.

"Não chore, Bon Bon." Mas é difícil se obrigar a parar de chorar mesmo quando você quer. Mohamed também estava chorando. Vovô disse que tínhamos que partir porque o percurso ia ser perigoso, e ele queria sair antes que os aviões chegassem.

Assim sendo, nós nos despedimos. Baba ficou acenando, e eu continuei a chorar. Chorei até pegar no sono, e quando acordei já era quase de noite e estávamos na Turquia.

Só estava faltando Baba.

Eu tinha saudades de Baba. Eu nunca tinha passado uma noite longe dele, a não ser quando os *Mukhābarāt* o tinham levado. Estávamos em uma casa que tínhamos alugado, mas não era como nosso lar, e parecia vazia porque Baba não estava lá. Eu estava preocupada porque alguma coisa poderia acontecer com ele enquanto estivéssemos longe. Mas eu falava com ele todos os dias, e sempre perguntava quando ele viria nos visitar. "Em breve, Bana, em breve", ele respondia. E então eu lembrava a ele que trouxesse minhas bonecas quando viesse, e ele prometia que as traria.

Algumas semanas depois que partimos, o vovô e a vovó Alabed decidiram também deixar a Síria — assim, Baba e seus irmãos ficaram sem os pais por perto. Vovó e vovô foram para uma cidade diferente na Turquia que ficava a algumas horas de distância de carro de nós. Eu estava triste por não ter me despedido deles, e eu não sabia quando os veria de novo. Eu não gostava que todos morássemos em lugares diferentes agora. A família deve ficar junta, e não alguns aqui e outros ali.

Mamãe encontrou um bom médico em um hospital na Turquia. Mas ele deu más notícias para a mamãe: o bebê ficaria doente se nascesse agora, de modo que ela teve que tomar remédios para mantê-lo na barriga e ele continuar a crescer. Ficamos todos muito preocupados, especialmente a mamãe. Ela passava a mão na barriga e falava o tempo todo com o bebê. "Você vai ficar bem. Por favor, fique bem," eu podia ouvir mamãe sussurrando.

Duas semanas depois, o médico disse que estava na hora de o bebê nascer. Mamãe me disse que ele ia fazer um pequeno buraco na barriga dela e puxar o bebê para fora, mas que não ia doer porque eles dão um jeito de a pessoa não sentir dor. Foi assim também que Mohamed e eu tínhamos nascido.

Eu não tive permissão para estar lá quando o médico tirou o bebê, mas a Nana e o vovô me levaram ao hospital para ver a mamãe no dia seguinte. Ela parecia doente, mas estava sorrindo. Ela estava segurando um cobertor que parecia enrolado em volta de um pão de forma. Mas não era um pão — era o bebê.

Surpresa: era um menino. *De novo.*

Ele era pequeno e enrugado. Parecia um franguinho sem penas. Mas ele tinha cheiro de pão fresco. Embora não fosse uma menina, ele tinha cabelo louro, exatamente como eu rezara pedindo. Eu o amava quando ele estava dentro da mamãe, mas o amava ainda mais agora que ele estava aqui.

Só pudemos segurá-lo por alguns minutos porque ele era muito pequeno e fraco, provavelmente por causa da guerra. Mamãe disse que ele tinha a metade do tamanho que eu tinha quando nasci. No hospital, eles o puseram debaixo de uma lâmpada para mantê-lo aquecido e ajudá-lo a crescer.

Mamãe também estava fraca. Ela parecia cansada e meio acinzentada. Ela não tinha sangue suficiente, por isso teve que ficar no hospital. Tínhamos que deixá-la descansar muito, mas eu tinha permissão para passar algumas horas com ela todos os dias. Eu subia na cama do hospital e nos aconchegávamos com o bebê. Só estava faltando Baba.

*O nome dele
quer dizer "luz".*

Eu achava que íamos ficar na Turquia apenas por pouco tempo, mas foi por um longo tempo, porque mamãe estava doente e sempre cansada. Ela precisava muito da ajuda de Nana e tinha que ficar mais forte. Eu achava que ela ficaria mais forte se conseguisse ver Baba. Ela sentia tantas saudades dele quanto eu.

Eu disse à mamãe que eu sentia falta de Baba, do meu quarto, da minha mesa e dos meus livros. Eu queria ir para casa. Mamãe disse que também sentia falta de lá. "Estamos com saudades de casa, Bana", ela me disse. Nos sentimos tristes porque estamos longe do lugar onde moramos e queremos estar.

Dois meses depois, Baba veio nos visitar na Turquia. Era perigoso porque ele tinha que sair de Aleppo e se esgueirar através da fronteira, já que ele não tinha um passaporte. Quando Baba veio, a vovó e o vovô Alabed também vieram de onde eles estavam na Turquia. O tio Nezar também veio. Ele tinha ficado um longo tempo no hospital na Turquia depois que uma bomba atingiu seu carro quando ele estava dirigindo. Todo o vidro do para-brisa caiu no rosto dele. Era um pouco assustador vê-lo porque ele não tinha mais olhos nem nariz. Ele não podia mais me ver para notar como eu crescera depois da última vez que ele tinha me visto, mas eu lhe disse qual era a minha altura.

Ainda assim, ficamos todos muito felizes ao ver Baba e uns aos outros! Você nem consegue imaginar o sentimento — quando você sorri tanto que o rosto dói, e parece que seu corpo está cheio de borboletas, de tão feliz que está. Até mesmo Nezar estava animado; embora ele não pudesse mais nos ver, ele estava feliz porque estávamos todos juntos e ele não precisava mais ficar no hospital.

Depois de receber todos nossos abraços e beijos, Baba pegou o bebê e deu um enorme sorriso enquanto o segurava perto do rosto. Com os dois lado a lado, era possível ver que eram muito parecidos.

"Prazer em conhecê-lo, Noor", disse Baba com a voz suave.

Era assim que chamávamos o bebê: Noor.

Seu nome significa "luz". Mamãe disse que era exatamente o que precisávamos.

....

A extrema exaustão que eu estava sentindo deveria ter me advertido de que eu estava grávida. Mas eu estava cansada e tensa havia tanto tempo por causa dos constantes bombardeios que eu perdera a capacidade de saber o que meu corpo realmente estava sentindo. Meu corpo do tempo de guerra era uma dissonância desgastada de nervosismo e adrenalina.

E eu tive tanta dificuldade para engravidar tanto de você

quanto de Mohamed, suportei tantos tratamentos e cirurgias, que nem mesmo me ocorreu que eu poderia ficar grávida novamente. Além disso, eu estava tentando arduamente manter vivos os filhos que eu já tinha; era incrivelmente absurdo pensar em trazer um bebê ao mundo nessa situação. No entanto, foi o que aconteceu. Eu estava grávida.

A essa altura, já fazia quase um ano que a guerra estava devastando Aleppo, e estávamos consumidos pelo medo e pela incerteza. Portanto, em vez de essa ser uma noticia muito boa, como foi quando engravidei de você e de Mohamed, fiquei arrasada e dominada por um medo e apreensão terríveis.

Como iríamos alimentar esse bebê? Como e onde eu daria à luz, tendo em vista que eu não poderia ir para o hospital em Aleppo Ocidental onde você nasceu, e muitos dos hospitais em Aleppo Oriental tinham sido destruídos, inclusive aquele onde Mohamed nascera? E as minhas duas gestações anteriores tinham sido difíceis, bem como meus dois partos e minha recuperação. Como eu ia enfrentar tudo isso sem assistência médica?

Mesmo que, de alguma maneira, eu conseguisse ter um parto seguro e saudável, como iríamos criar esse bebê? Havia tão poucos recursos e tão pouca água potável. Já havia relatos de bebês que tinham nascido com más-formações por causa das substâncias químicas dispersadas pelas bombas, ou de bebês prematuros e doentes devido à falta de comida e porque o medo e o estresse generalizado tinham afetado o corpo das suas mães.

Era loucura trazer uma vida para um mundo assolado por tanta morte. Era impensável.

Seu Baba e eu nos martirizamos a respeito do que iríamos

fazer. No nosso desespero e na nossa hora mais sombria passou pela nossa cabeça tentar encontrar alguma maneira de interromper a gravidez. Era horrível sequer considerar isso, mas refletia o quão desesperados estávamos. Procuramos minha amiga Asma, que era enfermeira, para tentar encontrar alguém que pudesse nos ajudar. Mas no final, não tive coragem de ir em frente com aquilo.

A verdade era que o fato de eu estar grávida era um milagre, e eu queria outro filho. Pondo de lado a guerra, essa era a realidade. E eu conseguia imaginar esse menininho — de algum modo eu sabia que era um menino — assim como fora capaz de visualizá-la claramente, Bana.

Eu já era a mãe dele, embora ele ainda não estivesse conosco. A guerra nos havia privado de tantas coisas que eu não podia permitir — e não permitiria — que ela levasse embora o nosso bebê. Mesmo compreendendo que provavelmente haveria a constante ameaça da morte a partir daquele momento, eu acreditava que ele merecia ter a chance de viver.

Portanto, foi decidido. Mas não posso dizer que me senti plenamente feliz a respeito daquilo enquanto não contei para você. Você se lembra? Você bateu palmas e deu um gritinho. "Um bebê para mim?", você perguntou. "Bem, para todos nós", expliquei.

Foi então que eu me permiti sentir apenas um pouquinho de felicidade e animação. Compartilhar a sua alegria possibilitou que eu finalmente entrasse em contato com a minha e pusesse de lado — pelo menos naquele momento — todo o medo e ansiedade.

Quando eu estava grávida de você e de Mohamed, eu fazia

muitos check-ups o tempo todo, e era confortante saber que vocês estavam desenvolvendo os dedinhos das mãos e dos pés, os pulmões e que vocês eram saudáveis. No caso de Noor, eu não tinha um bom acesso aos cuidados médicos, e isso era aterrorizante. Como Asma era enfermeira, ela às vezes tinha acesso ao ultrassom, e consegui fazer duas ultrassonografias. Você foi comigo, e ficou maravilhada por poder ver o bebê na tela e ouvir o coraçãozinho dele bater. Você carregava a imagem da ultrassonografia para todos os lugares aonde você ia e mostrava para todos na família. "Vejam, este é o bebê que está dentro da mamãe!" você dizia, maravilhada.

Você tinha tantos planos e sonhos para o bebê — primeiro que ele seria louro. Eu achava que isso era muito pouco provável, já que todos na família têm cabelo escuro, mas seu desejo foi realizado.

Às vezes, quando os bombardeios continuavam sem parar, nós nos sentávamos no porão e você me contava tudo o que pretendia ensinar e mostrar a ele. Isso produzia um momento estranho: aqui estávamos nós encolhidos como coelhos enquanto as bombas caíam, sem saber o que a noite ou o dia seguinte traria, e você estava cantando ~~músicas~~ *e desfiando histórias sobre um futuro mais brilhante do que qualquer bomba incendiária.*

Ao mesmo tempo em que escutávamos seus grandes sonhos, a meta primordial que tínhamos naquele momento era muito mais urgente: manter todos vivos. Essa é a natureza da guerra — fazer planos para o futuro com a mesma determinação e urgência com que nos preparávamos para a possibilidade de que poderíamos não ter um.

Durante os meus últimos meses de gravidez, reinava uma

relativa calma em Aleppo — era quase como se eu tivesse conseguido isso com minhas orações fervorosas para que o bebê chegasse ao mundo em paz. No entanto, em uma guinada cruel e terrível, as semanas que antecederam a data prevista para meu parto trouxeram um período de intensos bombardeios. Era como se a guerra estivesse zombando de mim.

Certa noite, fui assolada por um sentimento particularmente agourento de que eu ia morrer no parto caso eu tivesse que dar à luz no nosso apartamento, o que ainda era uma opção melhor do que os hospitais, já que eles mal estavam funcionando e sempre eram alvos dos aviões.

Aquela mesma noite foi palco de um dos mais implacáveis bombardeios que tínhamos tido em meses. Fiquei apavorada com a possibilidade de entrar em trabalho de parto no porão. Geralmente tentávamos ler e cantar, mas nessa noite não pude fazer nada além de rezar e respirar superficialmente em pequenos intervalos para tentar bloquear a dor e o pânico.

Na manhã seguinte, durante um período menos intenso, subimos até o apartamento, nervosos e trêmulos na tênue luz cinzenta.

Considerando como as bombas tinham sido próximas, temíamos examinar os danos, o que era um ritual desmoralizante. Logo descobrimos que a casa de Nana e do vovô tinha sido destruída e que Abdo tinha sido gravemente ferido. Para meus pais, que já estavam preparados para partir, essa foi a gota d'água. Eles estavam sem opções e exaustos por se sentir como alvos fáceis. Eu compreendia o desejo deles de partir, mas ainda assim o lamentava. O que era meu lar sem meus pais? Eu era adulta, tinha vinte e cinco anos, um marido e dois filhos, *e mais um a caminho, mas sempre precisamos da mãe, Bana.*

Eles decidiram partir no dia seguinte e ir para Urfa, uma cidade na Turquia bem na fronteira com a Síria. Ghassan e eu conversamos e discutimos, angustiados, as nossas opções. Decidimos então que eu deveria ir com meus pais, se eu pudesse. Eu não poderia ter esse bebê na Síria — eu continuava dominada pelo sentimento de que o bebê morreria, que eu morreria ou que ambos morreríamos. Mas a ideia de deixar seu pai para trás e ficar sem ele na Turquia me fez adoecer de medo e solidão. Afinal de contas, Ghassan era a rocha de onde eu extraía minha força. Seu pai é um homem incrível — forte e firme. Eu não conseguia jamais imaginar ficar sem ele.

Então, novamente, avaliamos dois males: ficar ou partir. No final, minha intuição me disse que eu tinha que ir — eu não tinha escolha. E até hoje acredito, no fundo do coração, que eu teria morrido se tivesse ficado. Considerando o quanto fiquei doente depois do parto e a quantidade de sangue que eu perdi, não fossem os cuidados médicos que recebi, a história teria terminado de uma maneira muito diferente. Ainda assim, deixar a Síria e Baba naquele dia foi uma das coisas mais difíceis que já fiz.

E você se lembra de como você chorou, Bana? Eu nunca vira você chorar daquela maneira. Você não queria que eu a deixasse, e como eu poderia fazer isso? Mas você tampouco queria se afastar de Baba. Separar a nossa família foi excruciante para todos nós. Somente horas depois de iniciarmos o percurso você se acalmou e adormeceu, exausta, no meu colo. Eu estava muito feliz por ter você comigo, minha pequenina. Você me dava força, algo que eu nunca precisara tanto na vida.

Dar à luz em um país estrangeiro sem ter seu pai ao meu lado foi uma das minhas experiências mais solitárias. Mas aí o bebê chegou, saudável, porém muito menor do que você e Mohamed tinham sido. Ele se parecia exatamente como o menino de pele clara que você imaginara, com um improvável topete de cabelo louro sedoso. Quando senti o calor dele no meu peito pela primeira vez, tudo o mais se dissipou: as bombas, a perda, o desespero, o medo que se tornara parte de mim. Uma sensação de calma que eu não vivenciava havia anos ocupou o lugar dessas coisas. O mundo se resumiu em apenas a pulsação dele contra a minha, uma força firme e revigorante.

Naquele momento, eu me senti...fortalecida, invencível. Eu trouxera beleza e vida ao mundo, e essa força é infinitamente mais poderosa do que armas, bombas e qualquer perversidade. É o cálculo mais simples no universo: a vida é o antídoto da morte, assim como a luz é o antídoto da escuridão.

Seu irmãozinho era uma luz na escuridão, então o chamamos de Noor. O nascimento dele pareceu um sinal de que o mundo poderia ficar — e de fato ficaria — melhor, e me deu a esperança de que, mesmo contra todos os prognósticos, meu país conseguiria sustentar a fragilidade da vida de Noor, que seu nascimento seria um testemunho e um prenúncio de uma renovada humanidade, e assim como a vida dele era um novo começo, nós também poderíamos ter um em Aleppo. E por algum tempo pareceu que as coisas seriam assim. Baba nos contou como as coisas estavam melhores agora na Síria. Durante meses elas tinham estado mais calmas; a vida parecia estar voltando ao normal. Baba conseguira um novo emprego. Então, depois de ter passado cinco longos meses longe, eu estava me

sentindo mais forte, e estava na hora de voltar para casa. Acre-
ditávamos estar voltando para um novo dia, mais luminoso.

Oh, Bana, como estávamos errados.

Quando estamos com saudades de casa, nos sentimos melhor quando voltamos para lá.

Decidimos voltar para a Síria. Baba nos disse que as coisas estavam melhores em Aleppo, que tinha havido menos bombas nos últimos tempos. Ele até mesmo voltou a trabalhar. Ele disse que deveríamos ir para casa, o que foi uma notícia muito boa para mim e para a mamãe.

Mas Nana e o vovô não ficaram contentes quando dissemos a eles que íamos voltar para Aleppo. Eles ficaram zangados, e vovô disse: "Isso é loucura, Fatemah. Você tem o bebê agora. Vocês estão seguros aqui. É suicídio voltar."

Mamãe disse que Baba estava trabalhando de novo, e que se ele viesse para a Turquia, ele não teria trabalho. Ela lembrou a eles que as coisas estavam muito melhores, e prometeu que se as coisas piorassem arrumaríamos nossas coisas e voltaríamos imediatamente. Mas nós tínhamos que voltar a Aleppo — mesmo que fosse apenas para pegar todos os nossos pertences. Não podíamos simplesmente deixar tudo para trás.

Eu concordei, porque eu precisava pegar minhas bonecas, meus livros, os desenhos que eu tinha feito e tudo o mais. Além disso, eu não tinha me despedido de Yasmin e dos meus outros amigos quando viemos para a Turquia. Mas eu não queria dizer adeus para eles. Eu disse ao vovô que eu queria voltar para a Síria para ficar.

Ele deu um grande suspiro. "Eu sei, Bana", ele disse. "Mas queremos que você fique aqui em segurança."

Uma pequena parte de mim também queria ficar, porque eu estava um pouco nervosa. As bombas podiam voltar a cair em Aleppo. Mas eu estava principalmente animada, porque quando estamos com saudades de casa, nos sentimos melhor quando voltamos para lá.

E foi o que fizemos.

Eu não queria que meu irmãozinho
sentisse medo nunca.

Baba estava certo: as coisas estavam muito melhores. Era quase como se a guerra tivesse acabado e a vida tivesse voltado ao normal, embora eu esquecesse como era uma vida normal, às vezes... isso tinha acontecido havia muito tempo. Noor cresceu, começou a engatinhar e depois a andar, e praticamente não havia mais bombas. Era quase como quando eu era bebê. Mas ainda havia lembranças. Eles não tinham arrumado todos os prédios que tinham caído, e só tínhamos água e eletricidade uma ou duas vezes por semana, mas eu não me sentia tão assustada o tempo todo, e isso era bom. Eu achava que Noor talvez tivesse sorte — talvez ele nunca precisasse conhecer as bombas, as balas e a luta. Eu não queria que meu irmãozinho sentisse medo nunca. Ele era apenas um bebê.

Além disso, se a guerra não voltasse, talvez Noor pudesse aprender a nadar como eu, embora a Piscina Alrabea tivesse sido destruída por uma bomba. Eles teriam que construir outra. Ou então, quando Noor ficasse maior, poderíamos levá-lo ao mercado e comprar gelatina. Mas muitas lojas ainda estavam fechadas. E as lojas que estavam abertas muitas vezes não tinham o que nós queríamos.

Certa vez, levamos Noor para andar de roda-gigante. Era o meu feriado favorito, o Eid. Fomos todos ao mercado para tentar comprar algumas guloseimas especiais para a festa. Havia um homem no nosso bairro que tinha um carrinho que podia fazer algodão doce, então compramos um pouco. Nossos lábios e línguas ficaram cor-de-rosa. Certa vez, levamos para o homem um pouco de açúcar da nossa casa, porque na guerra às vezes era difícil conseguir açúcar. Eu disse a ele que ele poderia ficar com o açúcar para poder fazer mais algodão-doce para outras crianças.

Outras famílias também estavam passeando, e todos sorríamos uns para os outros porque estávamos muito felizes. Mamãe disse que todos estavam ficando curados e se sentindo melhor, de modo que estávamos de muito bom humor. Uma pequena roda-gigante tinha sido montada no parque perto da nossa casa, e fomos andar nela. Baba disse que só poderíamos ficar lá alguns minutos, porque ele ainda tinha medo de ficar do lado de fora por muito tempo. É difícil que esse sentimento vá embora, mesmo quando estamos em segurança.

Noor não adorou a roda-gigante como eu tinha imaginado — ele chorou na primeira vez quando chegou lá em cima, mas depois se acostumou e gostou um pouco mais. Demos várias voltas durante dez minutos. Mamãe e Baba ficaram nos observando, acenaram e tiraram nossa foto. Quando passamos por tantas coisas ruins, reparamos mais nos bons momentos e nos sentimos ainda mais felizes por causa deles. Naquele dia, estávamos tão felizes que foi quase como se tivéssemos esquecido a guerra.

Talvez pudéssemos aprender
como parar a guerra.

A melhor coisa que aconteceu quando a guerra melhorou foi a escola. Mamãe e algumas amigas dela se reuniram e decidiram criar uma escola para todas as crianças do nosso bairro. Não havia mais escolas em Aleppo Oriental porque o regime havia bombardeado todas. Muitas crianças morreram nas suas mesas enquanto estavam apenas tentando aprender. Mamãe se sentia mal porque as crianças não tinham um lugar onde aprender e nada para fazer durante o dia. Mamãe sempre fala que a educação é importante e que todas as crianças devem estar na escola para poder aprender a ajudar as pessoas quando crescerem; para que possamos ter médicos, professores e advogados como Baba para tornar a Síria um país forte. Talvez pudéssemos aprender como parar a guerra.

Mamãe e suas amigas pediram aos vizinhos papel, livros e quaisquer outras coisas que eles pudessem doar. Algumas pessoas no nosso bairro também se reuniram para ajudar os outros, e elas nos ajudaram a conseguir material escolar.

A escola ficava na mesma rua que a nossa casa, no porão de um prédio que agora estava vazio porque todos tinham se mudado. Mamãe disse que nossa escola precisava ser mantida em segredo para que não fosse bombardeada.

Cerca de cem crianças iam estudar lá todos os dias. Poderia haver mais, mas alguns pais ainda tinham medo de deixar seus filhos saírem de casa, embora as bombas tivessem diminuído bastante. Como eu disse, é difícil deixar de ter medo. Além disso, muitas pessoas tinham ido embora — tinham se mudado ou sido mortas.

Nós nos sentávamos no chão do porão, que era um pouco empoeirado e escuro, exatamente como o porão do nosso prédio, mas eu não me importava porque era uma escola. Havia três seções: uma com crianças pequenas, como Mohamed e Noor; uma com crianças maiores, como eu; e uma com crianças mais velhas. Minha mãe dava aulas para algumas das crianças mais velhas que estavam aprendendo matemática e a escrever bem. Minha professora era Farah, e ela nos ensinava muitas coisas interessantes, como a forma que os ovos se tornam galinhas, como escrever nosso nome em árabe e em inglês, e como funcionam as diferentes partes do nosso corpo. Fazíamos isso três vezes por semana, e esses eram os três melhores dias.

Mamãe também ia à escola em três dias, como eu. Não era a mesma coisa que as aulas dela na universidade, mas ela e as amigas tinham uma escola onde aprendiam e praticavam inglês. Em casa, mamãe também me ensinava inglês. É divertido aprender diferentes idiomas e saber que existem muitas palavras diferentes para as mesmas coisas. Na Síria, por exemplo, nós falamos árabe, e quando conhecemos uma pessoa nova, dizemos, "Marhaba". Mas em inglês, dizemos: "Hi, it's nice to meet you." Ou *baskwyt*, que significa biscoito, é "cookie" em inglês, e *dammia*, que quer dizer boneca, é "doll". É preciso ter boa memória para lembrar-se de dois nomes para tudo. E você tem que praticar muito para não esquecer as palavras. É por isso que mamãe e eu queríamos ir à escola — para podermos praticar e ficarmos inteligentes.

"Como foi o seu dia, minha pequenina?"

Quando mamãe e eu fomos para a escola e Baba voltou a trabalhar, foi quase como nos velhos tempos, exceto que Noor e Mohamed não podiam ficar na casa da Nana Samar, porque ela agora morava na Turquia. Mas eu já estava crescida, então podia ajudar a cuidar de Noor e Mohamed quando mamãe e Baba não estavam em casa. Montei uma escola em casa para meus irmãos e ensinava para eles. Eu estava tentando ensinar Noor a falar, mas ele ainda não conseguia dizer nenhuma palavra. Mamãe dizia que ele não falava porque estava com medo das bombas, embora não houvesse tantas quanto antes. Às vezes, quando ficamos assustados o tempo todo, nosso corpo e cérebro fazem coisas diferentes, mesmo que não seja o que nós queremos — como parar de falar, fazer xixi na calça, ter pesadelos ou tremer muito. Tudo isso acontecia conosco.

Eu estava ensinando a Mohamed o nome das cores e a contar, mas às vezes ele não escutava e só queria brincar com seus caminhões, o que era irritante. Às vezes, embora não devêssemos fazer isso, eu o levava até o terraço do nosso prédio, onde tínhamos um jardim. Lá em cima era grande, que nós podíamos correr de um lado para o outro várias vezes e rodar até ficar tontos, e adorávamos fazer isso. Às vezes, Yasmin vinha se encontrar conosco e íamos para o terraço para pular corda.

Certo dia, decidi fazer uma surpresa. Eu ia levar Noor e Mohamed para visitar Baba. Seu escritório também era na mesma rua. Não tínhamos permissão para sair de casa, mas achei que Baba gostaria da surpresa e não ficaria zangado. Quando chegamos do lado de fora, pude perceber que meus irmãos estavam um pouco nervosos. Era um bom dia — apenas uma ou duas bombas até aquela hora, e muitos distantes — então eu disse a eles para não se preocuparem. Mas depois de termos caminhado durante algum tempo, ouvimos um ronco no céu, e Noor se assustou e fez xixi na calça. E depois começou a chorar muito. Eu disse a ele que estava tudo bem, mas não podíamos ir até o trabalho de Baba daquele jeito. Tive que levá-lo para casa e dar um banho nele. Lavei as calças dele na pia para que mamãe não descobrisse. Quando ela voltou para casa e perguntou: "Como foi seu dia, minha pequenina?", e eu não contei da surpresa para ela.

Esperança é quando você sente
que o mundo é lindo.

Quando a guerra foi embora, tivemos esperança. Esperança é quando você sente que o mundo é lindo e você pode fazer qualquer coisa. Você sente que pode suportar qualquer coisa ruim que aconteça, porque as coisas logo ficarão boas de novo. Assim, se você tem esperança, você ainda pode ser um pouco feliz mesmo que as coisas das quais você gosta não estejam acontecendo porque você sabe que elas ficarão melhores. Quando você não tem esperança, é como se você estivesse esperando que coisas ruins acontecessem a você ou ache que elas vão ser sempre ruins, e isso na verdade faz com tudo pareça ainda pior. Portanto, você deve sempre tentar ter esperança.

Mas isso também pode ser difícil quando você acredita que coisas boas vão acontecer e elas não acontecem. Eu tinha esperança que as bombas tivessem ido embora para sempre. Mas elas não tinham. Embora eu esperasse intensamente que a guerra acabasse, isso não funcionou. Em vez disso, tudo ficou pior do que nunca.

"Apenas bombas, bombas e mais bombas."

Como se alguém tivesse apertado um botão, todas as bombas grandes começaram a cair novamente, e todos os dias passaram a ser dias ruins de novo. Os aviões enchiam o céu o tempo todo e jogavam uma bomba atrás da outra. Nunca mais as coisas ficaram calmas. Eu até mesmo esqueci como era a calma.

Mamãe e eu ainda queríamos ter a escola, mas cada vez que íamos lá, menor era o número de crianças, porque as pessoas estavam com medo de ir para o lado de fora.

Certo dia, havia apenas mais ou menos quinze crianças, e todas estávamos estudando e aprendendo quando ouvimos o barulho dos aviões voando bem longe. Mamãe e Farah acharam que todos deveríamos ir para casa — ficar ali era perigoso demais. Fiquei triste porque a escola ia fechar cedo, mas mamãe disse que podíamos continuar a fazer os exercícios em casa.

Caminhamos rápido para casa, porque uma bomba poderia cair a qualquer momento. Quando os aviões chegavam, só tínhamos tempo para contar até três, talvez até cinco, e então BUM, portanto, se estivéssemos do lado de fora, não havia muito tempo para correr e nos escondermos. Antes de chegarmos em casa ouvimos um *bum* enorme — quanto mais alto o *bum*, mais perto estava a bomba. Essa estava realmente perto. Corremos o resto do caminho para poder chegar ao porão.

O celular da mamãe começou a tocar. Era Baba. Eu podia ouvir a voz dele porque ele estava gritando: *"Onde você está? Você está bem? Você ouviu o que aconteceu?"* Ele nem mesmo deixava que ela respondesse entre as perguntas.

"Estamos bem, Ghassan. Estamos em casa. O que aconteceu?"

"Oh, graças a Deus," disse Baba. "Eles bombardearam a escola!" Ele estava no mercado e pôde ver a enorme nuvem de fumaça. Todos começaram a gritar para ele que a escola tinha sido bombardeada e que eles tinham que correr para ajudar as crianças. Mas todos nós já tínhamos ido embora.

Baba não parava de agradecer a Alá porque estávamos vivos. Mas eu fiquei triste. Não tão triste como quando uma pessoa morre, mas porque eu ia sentir falta da minha escola. Agora eu não ia mais poder ir para lá. Eu conseguia perceber que tudo ia ser como era antes. Sem escola, sem trabalho, sem sair para fazer compras, sem poder ir para o lado de fora — apenas bombas, bombas e mais bombas.

O que a gente sente quando morre?

Houve então um dia horrível que eu gostaria de poder esquecer.

Acordei porque ouvi um estrondo como o de um terremoto e depois um impacto muito forte. O barulho e o tremor foram tão altos que pareceu que eles iam quebrar meus ossos. Quando as bombas caem bem em cima de nós dessa maneira, não conseguimos ouvir nada. É como todo o barulho do mundo ao mesmo tempo, mas ao mesmo tempo é como se alguém estivesse segurando um travesseiro sobre a nossa cabeça. Tudo treme tanto que sentimos nossos ossos e nossas entranhas tremerem — até mesmo os dentes. E é como se o ar nos estivesse pressionando para baixo, tentando nos esmagar contra o chão.

Comecei a gritar chamando a mamãe.

Parecia noite do lado de fora, embora fosse de manhã cedo. Havia muita poeira no ar. Eu conseguia ver uma luz brilhante pela janela, através de toda aquela fumaça — o prédio do outro lado da rua estava pegando fogo. Eu estava olhando pela janela onde estava a nossa varanda — ou onde ela costumava estar, porque tinha sido destruída, e o vidro da porta da varanda estava espalhado por toda parte.

Baba agarrou Noor e Mohamed, mamãe pegou minha mão e todos corremos para o porão o mais depressa que pudemos. A porta da frente do apartamento tinha sido arrebentada e estava quase caindo.

Ainda podíamos sentir o tremor e ouvir as bombas, até mesmo no porão. Estávamos quietos e rezando para nós mesmos. Repetíamos *"Ya lateef"* várias vezes sempre que estávamos no porão. Estávamos pedindo a Deus para ter misericórdia de nós.

Eu estava com muito medo de que nosso prédio desmoronasse em cima de nós e ficássemos enterrados debaixo das pedras. Eu não parava de me perguntar como isso seria. O que a gente sente quando morre?

Quando pareceu que as bombas tinham parado, Baba disse que ia subir primeiro sozinho para dar uma olhada e verificar se as coisas estavam seguras. Depois de alguns minutos ele nos chamou e disse que podíamos subir, mas a voz dele estava estranha.

Quando chegamos ao apartamento, vimos que a situação era ruim, muito ruim. Parecia que alguém tinha batido na nossa rua com um martelo e a partido em um milhão de pedaços. Eu não conseguia acreditar, mas o prédio colado ao nosso estava completamente destruído, como se nunca tivesse existido. Parte dele tinha caído sobre o nosso prédio e esmagado o andar em cima de nós, onde morava o tio Mazen. Nossa varanda tinha caído sobre o nosso carro e o enterrado, de modo que mal conseguíamos enxergá-lo. Acho que não precisávamos mais de um carro, já que não havia mais muitas ruas ou qualquer lugar para ir.

Podíamos ouvir muitas pessoas gritando e chorando. Sempre que caía uma bomba como essa, todos os vizinhos gritavam uns para os outros para verificar se estava faltando alguém. Eles gritaram para Baba: "Ghassan, sua família está bem?"

"Estamos todos bem!", Baba respondeu. E depois, todas as famílias que estavam bem iam ajudar os outros. Se houvesse pessoas feridas ou enterradas embaixo dos escombros, eles tinham que agir rápido para tirá-las de lá.

Os gritos de uma pessoa eram mais altos do que os de todas as outras. Era a mãe de Yasmin gritando: "Não, não, não, não!" Tive uma sensação estranha no estômago. Yasmin e a mãe dela moravam no prédio que não existia mais.

Mamãe e eu corremos para lá com os outros vizinhos. O cabelo preto da mãe de Yasmin estava branco, completamente coberto pela poeira, como se ela fosse velha. O único lugar onde não havia poeira era no rosto, onde lágrimas estavam escorrendo.

Outros voluntários vieram nos ajudar. Como não tínhamos mais ambulâncias e nem a polícia para nos ajudar em Aleppo Oriental, algumas pessoas tinham formado um grupo e se oferecido como voluntárias para ajudar quando as pessoas estavam machucadas ou presas nos escombros depois dos bombardeios. Ou então elas tentavam tratar das pessoas quando elas tinham sofrido cortes ou fraturado membros. Isso era muito perigoso para elas, porque o regime não gostava de ninguém que estivesse ajudando os outros. Então quando os voluntários se aproximavam depois que uma bomba caía, os aviões às vezes voltavam apenas para bombardeá-las.

Todos estavam apressados, cavando e gritando uns para os outros enquanto puxavam os corpos para fora. Um homem então ergueu um corpo das pedras, e a mãe de Yasmin gritou ainda mais. Era Yasmin. Ela estava mole como se estivesse dormindo, e estava coberta por muito sangue e poeira. Eu não conseguia me mexer ou respirar porque estava assustada ao ver minha amiga daquele jeito. Eles a levaram em um caminhão que tinham transformado em uma ambulância. Rezei muito para que ela ficasse boa. Mamãe me deu um abraço apertado e disse: "Vamos para casa, Bon Bon, vamos para casa." Não consegui brincar o resto do dia — tudo que eu pude fazer foi pensar em Yasmin e em todo aquele sangue.

À noite, naquele mesmo dia, quando ainda estávamos tentando limpar a bagunça que as bombas tinham feito no nosso apartamento, ouvimos muitas pessoas chorando e rezando do lado de fora. Nossa rua estava cheia de pessoas que estavam levando cadáveres para a mesquita para que fossem feitas orações para eles. Isso acontecia todas as vezes em que havia um grande bombardeio. Era costume enterrar as pessoas no cemitério depois das orações, mas com a guerra, os cemitérios ficaram cheios, e as pessoas eram colocadas no chão nos parques.

Eu tinha perguntado à mamãe muitas vezes naquele dia se Yasmin estava bem, e ela respondera que a tinham levado ao médico e que tínhamos que rezar muito. Naquela noite, ouvi e vi a mãe de Yasmin chorando na rua.

No dia seguinte, eu a vi de novo na rua, e ela ainda estava chorando.

"Yasmin não está mais aqui, Bana," ela disse. Eu sabia o que ela estava querendo dizer. Yasmin estava morta.

*Eu nunca mais
ia brincar com ela.*

Depois que Yasmin foi embora, eu fiquei com ainda mais medo de morrer. Eu não conseguia parar de pensar a respeito de como seria morrer.

Eu também estava com medo de que meus irmãos ou meus pais morressem. Às vezes, eu pensava que isso seria a pior coisa que poderia acontecer. E se mamãe morresse? E se Baba morresse? Ou meus irmãos? Seria melhor se todos morrêssemos juntos, porque ninguém teria que sentir falta de ninguém.

Mamãe diz que se formos bons e amáveis, Deus nos amará e protegerá e iremos para o Céu quando morrermos. Há muitos doces e jogos no Céu — é um lugar bom, e ficamos lá para sempre. Espero que Yasmin esteja feliz lá.

Mas senti muita falta da minha amiga. É diferente sentir saudades de alguém que ainda está vivo do que de alguém que já morreu. Eu tinha saudades dos meus avós e tios que se mudaram para longe, mas eles ainda estavam vivos, e eu sentia menos falta deles quando falávamos no WhatsApp e por telefone. Mas eu sentia saudades de Yasmin de um jeito diferente. Era como se eu estivesse afundando por dentro. Eu não podia falar com ela. Nunca mais íamos vestir os nossos vestidos de princesa favoritos. Aposto como os vestidos favoritos de Yasmin ainda estavam debaixo dos escombros.

Quando meu aniversário chegou, eu não estava animada como costumo estar nos meus aniversários. Foi um mês depois de Yasmin ter morrido, e ela não ia poder comemorar meus sete anos. Ela nunca tinha deixado de vir aos meus aniversários.

Mamãe e Baba tentaram comemorar, embora fosse muito perigoso para as pessoas irem até a nossa casa, e caíram bombas a noite inteira, então tivemos que ficar no porão. Não havia muita comida nos mercados, por isso eu não tive um bolo. Mas mesmo assim nós nos reunimos como uma família, e isso é sempre bom. O tio Wesam me deu de presente uma boneca bonita. Ela se tornou minha favorita assim que eu a vi. Ela tinha um chapéu e botas cor-de-rosa, como aquelas que eu tinha ganhado para o Eid no ano anterior. Eu geralmente não dava nome às minhas bonecas, que eu quis dar um a essa. Decidi chamá-la de Yasmin.

Também ganhei outro presente especial: um iPad só para mim. Ele tinha sido usado por outra pessoa antes, mas isso não tinha importância. Baba teve muita dificuldade para conseguir esse agrado especial durante a guerra, porque as lojas não tinham muitas coisas novas. Mas ele queria conseguir uma coisa muito especial, porque era meu aniversário. Eu podia assistir à televisão e ler no meu novo iPad, o que era bom, porque quase não íamos mais para o lado de fora. Antes, eu sempre usava o telefone da mamãe para falar com meus tios e primos no WhatsApp porque sentia muita falta deles. Agora eu podia falar com eles no meu iPad. Eu podia assistir meu desenhos favoritos, ler livros e tentar esquecer os sentimentos ruins. Às vezes isso funcionava, às vezes não.

Não tive velas no meu aniversário para soprar e fazer um pedido, mas mesmo assim eu fiz: pedi para mais ninguém morrer.

....

É um milagre que você esteja viva, Bana. Acredito nisso de todo o coração. O fato de meus três filhos e meu marido terem sobrevivido a seis anos de guerra me enche de mais que apenas uma gratidão avassaladora; me enche de assombro e admiração. Não parece possível — ou justo — que tenhamos sido tão afortunados. É estranho pensar em tudo que passamos e em tudo o que perdemos e ainda assim nos considerarmos tão afortunados, mas é o que somos. E eu me sinto a mais feliz de todos, porque meus filhos estão vivos e em segurança agora. Este não foi o caso para milhares de outras mães.

Uma das piores partes da guerra é a facilidade com que nos acostumamos à violência e à morte à nossa volta. Durante longos períodos, quando centenas de pessoas estavam morrendo diariamente em Aleppo, era um ritual sinistro e constante receber a noticia de que alguém — um amigo, um vizinho, um primo — tinha morrido nos bombardeios. Tomar conhecimento da morte — sem mencionar aceitá-la como uma expectativa diária — tornou-se uma rotina mórbida, e a única maneira que nos permitia continuar era assumir um certo entorpecimento na medida em que isso era possível.

Era uma bênção e uma maldição endurecer diante dos horrores. Mas, às vezes, por mais acostumados que esperássemos estar diante do ataque violento do desgosto, alguma coisa acontecia e despedaçava esse muro protetor e nos dilacerava por completo. Esse foi o caso quando Yasmin morreu. Vocês duas eram muito próximas, como se fossem parentes. O olhar da mãe de Yasmin naquele dia permanecerá comigo para sempre. Você não conhece dor de verdade até olhar nos olhos de uma mãe que perdeu o filho. É quase como se a dor dela fosse física, como se o desespero fosse uma pedra pesada que tivesse se soltado dos escombros e sido colocada nas costas dela, esmagando-a com seu peso. Eu gostaria que fosse realmente uma coisa física, porque pelo menos eu poderia tê-la ajudado a carregar aquele fardo; eu poderia ter levantado aquela pedra. Mas havia tão pouco que eu pudesse fazer para tornar alguma coisa melhor para ela. Eu sabia exatamente o que ela estava pensando naquele dia quando retiraram Yasmin dos escombros, porque era exatamente o que eu teria pensado: eu gostaria que tivesse sido eu. E também: como vou continuar a viver? No entanto, de alguma forma, nós continuamos.

Há outra história que me atormenta, a respeito da mulher que morava na mesma rua que nós, que eu conhecera por intermédio de Asma. Certa noite, ela botou seus quatros filhos na cama, exatamente como eu colocaria vocês três. Assim como você e seus irmãos, os filhos dela também tinham medo de dormir sozinhos durante a guerra, então ela os colocou todos juntos na cama, no lugar mais seguro que ela conhecia, em um colchão no meio do apartamento, longe das janelas. Mas quando uma bomba atingiu o prédio colado no dela, os abalos secundários foram tão fortes que uma das paredes do apartamento tombou para dentro, esmagando seus filhinhos que dormiam. Em um piscar de olhos, todos os filhos dela tinham morrido. Isso aconteceu, e ainda é inimaginável. De todas as histórias angustiantes, a dela é a que mais me atormenta, a que me faz ter pesadelos até hoje. Eu sonho que estou olhando para os corpos destroçados dos meus filhos esmagados, tentando desesperadamente desenterrá-los da montanha de escombros. Acordo suando frio e corro para o quarto de vocês. Vocês três ainda insistem em dividir uma cama, enroscados uns nos outros como uma ninhada de cachorrinhos. Eu fico em pé observando vocês dormindo, ajustando minha respiração à de vocês, até que minha frequência cardíaca volte ao normal. E depois eu rezo por essa mãe, pedindo para que ela, onde quer que esteja, tenha encontrado paz ou alguma coisa próxima desse sentimento, uma maneira de seguir em frente.

É insuportável pensar nela, na mãe de Yasmin e em todas as pessoas que morreram na nossa terra natal nos últimos seis anos, até agora — centenas de milhares dos nossos amigos, vizinhos e compatriotas sírios. Tantas mães, irmãs, filhos, crianças — tantas crianças — todos mortos. E quando penso no sofrimento e na brutalidade das mortes — como as crianças que morreram em uma agonia particular por causa de bombas químicas — eu me pergunto: como pudemos deixar que isso acontecesse?

E há ainda mais mortes, todos os dias: pessoas morrendo na violência, morrendo de subnutrição e doenças nos acampamentos, ou morrendo enquanto tentam desesperadamente escapar atravessando o deserto ou o mar. Como o menino Alan Kurdi, que ficou famoso quando a foto do seu corpo na praia *foi compartilhada no mundo inteiro. Ele tinha exatamente a mesma idade de Noor; poderia ter sido Noor. Todas essas mortes, toda essa angústia, e tudo tão sem sentido.*

Conto para seu pai o quanto eu me sinto culpada por termos sido tão afortunados, por termos sido poupados. Não fizemos nada para merecer viver, e nossos compatriotas sírios não fizeram nada para merecer morrer. E a crueldade dessa situação pode me aniquilar se eu permitir.

Oh, Bana, ter que explicar a morte para você foi uma das tarefas mais difíceis que tive como mãe. Antes da guerra você não tinha conhecido a morte, e então, de repente, você se viu cercada por ela. Quando Yasmin morreu, pude ver o medo e a tristeza nos seus olhos, e não havia nada que eu pudesse fazer para tirar a dor de você. Alguma coisa dentro de você mudou naquele dia — foi a perda final da inocência. Aquele foi o último dia da sua infância.

Não existem crianças na Síria. Vocês foram todas obrigadas a se tornar adultos — entender o que é matar, conhecer o medo, a inanição e a dor de uma maneira da qual todas as crianças deveriam estar protegidas. Mas esse foi um luxo que não tivemos.

Alguma coisa também mudou para mim quando Yasmin morreu, e quando fomos sitiados naqueles meses brutais que se seguiram. Além de ficar apavorada e inconsolável, também fiquei com raiva — com raiva por termos que suportar isso enquanto o mundo não fazia nada. Com raiva por estar indefesa para proteger meus filhos. Com raiva por existir um mundo onde lançar bombas e matar crianças é tolerado. Com raiva por lhe ter ensinado a ser generosa, justa e bondosa e depois ter lhe oferecido um mundo que era tudo menos isso.

À medida que as coisas ficaram mais desesperadoras, o mesmo aconteceu com as suas perguntas: as pessoas sabem que isso está acontecendo conosco? Alguém se importa? Por que eles não param de nos bombardear? Por que eles não param? Por que não podemos ter paz?

Acima de tudo, eu estava com raiva porque não tinha respostas para essas perguntas.

E porque você, uma menina de 7 anos, tinha que fazê-las.

> *"Não consigo acreditar que eles*
> *possam ter sido tão cruéis."*

Agora era o Ramadã, e os aviões vieram de propósito, exatamente quando o sol se pôs, na hora do *iftar*, que é quando quebramos o jejum e fazemos uma grande refeição com a nossa família depois de não ter comido o dia inteiro. Os aviões nos bombardearam bem nessa hora para que as pessoas não pudessem preparar a comida ou ir para a mesquita para as orações do Ramadã. Isso foi pura maldade. Vovó Alabed disse: "Não consigo acreditar que eles possam ter sido tão cruéis."

Ela e vovô Alabed tinham voltado da Turquia. Eles vieram nos visitar por alguns meses quando as coisas estavam melhores porque sentiam tantas saudades de Baba, dos seus outros filhos e de nós, os netos. Mas quando as coisas pioraram de novo, eles ficaram presos, porque estava mais difícil sair da Síria. Vovó Alabed estava sempre no lugar errado.

Certa noite, quando o Ramadã já tinha quase terminado, mamãe, Baba e o resto da família estavam conversando muito em um tom sério. Todos em Aleppo Oriental estavam dizendo que o exército do regime ia nos cercar e tentar fazer com que o Exército Livre da Síria desistisse de uma vez por todas. Eles tomariam medidas para que ninguém tivesse permissão para entrar em Aleppo Oriental, para trazer remédios, comida, roupas ou qualquer outra coisa. Ninguém também poderia sair. Ficaríamos presos. É um *hisar*. Um cerco.

Baba e mamãe disseram que tínhamos que nos preparar para isso — e rápido. Tínhamos que procurar reunir a maior quantidade possível das coisas que precisávamos para não ficar sem elas. Tínhamos que fazer isso depressa, antes que os estoques das lojas acabassem. Baba saiu cedo na manhã seguinte e comprou suprimentos — muitos remédios na farmácia e grandes sacos de alimentos que não estragavam e podiam ser preparados apenas com água, como arroz, macarrão e sopa em pó. Eu já estava sentindo falta de comer batata frita e pizza. Mas mamãe disse que estávamos com sorte, porque muitas pessoas não tinham condições de comprar nenhuma comida porque estava muito cara por causa da guerra. Eu me perguntei o que aconteceria quando comêssemos toda nossa comida e não fosse possível comprar mais. Tínhamos que ter cuidado e comer apenas um pouquinho de cada vez, ainda que ficássemos com um pouco de fome.

Baba também comprou o máximo de combustível que conseguiu para que pudéssemos fazer nosso gerador funcionar. Nós usávamos o gerador para bombear água do poço. Colocamos muita água em um grande reservatório no telhado. Baba e meus tios foram enchê-lo no meio da noite quando as bombas pararam, porque durante o dia o regime enviava aviões para tirar fotos da casa de todas as pessoas, e Baba não queria que o exército tirasse uma foto dele no telhado.

Tínhamos nossos painéis solares, assim podíamos carregar nossos celulares, meu iPad e acender as luzes, e isso era bom. A guerra teria sido muito pior se eu não tivesse meu iPad.

Pegamos tudo que pudemos para estar prontos, o que foi bom, porque no final do Ramadã, dois dias depois do Eid al-Fitr, o exército do governo colocou tanques ao redor de Aleppo Oriental. O cerco tinha chegado.

*Nós nos revezávamos ajudando uns
aos outros a ter esperança.*

Nós não sabíamos se o cerco um dia terminaria, e isso era assustador. Se nunca mais pudéssemos ter comida ou remédio de novo, seriamos devastados pela fome ou ficaríamos doentes e morreríamos. É isso que o regime queria. Mas o Exército Livre da Síria estava lutando em toda Aleppo Oriental para abrir uma passagem para que as pessoas e as coisas pudessem ir e vir daquela parte da cidade.

Ouvíamos o combate o dia inteiro e a noite inteira. Gritos e armas, helicópteros e aviões. A guerra é muito barulhenta. Eu sempre tinha dor de cabeça.

A única coisa que podíamos fazer era esperar, ter esperança e comer apenas macarrão e arroz. Tomávamos banho apenas uma vez por semana para economizar água.

Quatro vezes por semana conseguíamos pão do Conselho Local de Aleppo Oriental. Era um grupo que fazia trabalho voluntário para ajudar as pessoas em Aleppo Oriental depois que ficamos isolados de Aleppo Ocidental. Baba às vezes trabalhava no conselho. Eles tinham uma lista de todas as famílias em cada bairro, e só podíamos receber um pão por pessoa. Mas quando o regime percebeu que as pessoas estavam fazendo fila para pegar pão, eles começaram a bombardear as filas. Então o conselho passou a ficar mudando de lugar e os vizinhos guardavam segredo sobre onde o pão iria estar na vez seguinte para que o regime não soubesse disso antes da hora.

Todos tentávamos ajudar uns aos outros em Aleppo Oriental. Nós dividíamos o que podíamos — todos compartilhávamos os geradores e nos revezávamos tendo um pouco de energia para poder carregar os celulares, assistir televisão ou acender algumas luzes. Ou então, se alguém se machucava, dividíamos as ataduras e os remédios que tínhamos.

Na minha família, nós também ajudávamos uns aos outros. Eu gostava de que minhas tias, tios e primos morassem no mesmo prédio e todos pudéssemos estar juntos. Às vezes, Baba ajudava o tio Wesam a se sentir melhor, como eu fazia com Noor. Nós nos revezávamos ajudando uns aos outros a ter esperança.

Rezei para que o plano desse certo

Quando o cerco já tinha três semanas, o Exército Livre da Síria fez um plano para contra-atacar, e todos ajudaram. Certa noite, o ar foi invadido por um cheiro horrível — era borracha queimando, e incomodava o nariz. As pessoas tinham posto fogo em pneus na rua. O plano era fazermos uma grande nuvem de fumaça densa sobre Aleppo Oriental para que os aviões não conseguissem nos ver e não pudessem soltar bombas, e então o Exército Livre da Síria poderia abrir uma passagem para romper o cerco. Era uma ideia brilhante se esconder assim, mas também deixava o ar tão enfumaçado e fedorento que meus olhos lacrimejavam o tempo todo.

Todo mundo começou a queimar coisas nas ruas — primeiro, os pneus, e depois o lixo e qualquer outra coisa que conseguissem encontrar. Eu também queria ajudar, mas mamãe disse que eu não podia ir e só poderia ficar olhando pela janela. Só restavam poucas famílias na nossa rua — todas as outras tinham ido embora ou morrido — mas muitas pessoas foram para o lado de fora, mais do que em qualquer outra ocasião depois que as bombas tinham começado. Rezei para que o plano desse certo.

No entanto, não consegui me acostumar com aquele cheiro horrível — mesmo depois de um dia, dois dias, três dias. O cheiro do ar estava cada vez pior, e a fumaça nos fazia tossir.

Tudo estava preto e cinzento. Mas não tinha problema, porque o plano funcionou! Depois de uma semana de combate, o Exército Livre da Síria forçou o caminho até onde estava o exército, e o cerco foi rompido. Nós conseguimos!

Todos em Aleppo Oriental estavam muito felizes e orgulhosos — as pessoas correram para as ruas e nos abraçamos e demos vivas. Era possível ouvir em toda Aleppo Oriental o som das orações do Eid ressoando nas mesquitas. Embora não fosse Eid, todas as mesquitas tocavam as orações especiais nos alto-falantes que emitiam a convocação para a prece para transmitir coragem às pessoas.

Estávamos emocionados, porque Exército Livre da Síria tinha alcançado uma grande vitória e as coisas poderiam ser diferentes agora. Nossa esperança e as orações finalmente funcionaram. Talvez agora eles conseguissem fazer com que o regime parasse de nos bombardear e a guerra acabasse.

No dia seguinte, todo mundo ficou ainda mais feliz quando chegaram os caminhões com comida e suprimentos. Todos queríamos alguma coisa e as filas eram grandes, mas ninguém se importava. Ovos! Frango! Tomate! Tínhamos tido medo de nunca mais ver esse tipo de comida. As pessoas estavam rindo e planejando o que iam fazer para o jantar. Mohamed, Noor e eu demos pulos de alegria quando vimos os alimentos que Baba trouxe para casa, como maçã, pepino e melancia. Eles eram lindos. Mamãe disse que ia fazer um jantar especial para nós — frango frito. Ela também preparou ovos cozidos. Mohamed, Noor e eu estávamos tão animados por ter os ovos que comemos uma dúzia! Estou feliz porque pudemos ter aquele banquete, porque foi a última vez que iríamos ter ovos, leite, frutas e carne em Aleppo.

*A gente quase podia sentir
que era de verdade.*

O exército do regime era muito poderoso. Em apenas dez dias o cerco estava de volta, e eu acho que o regime estava zangado porque o Exército Livre da Síria tinha conseguido furar o cerco, porque passaram a nos bombardear ainda mais, e os combates entre os exércitos ficaram mais barulhentos e mais próximos. Ficamos então com muito medo de novo. Especialmente Noor. Todas as vezes que ele ouvia um estrondo, ficava paralisado como uma estátua e depois começava a chorar. Ele ainda não conseguia falar nenhuma palavra; só conseguia chorar, e chorava muito.

Certo dia, em vez de ficar paralisado quando ouviu o ronco dos aviões, ele ficou tão apavorado que bateu de frente na parede e abriu a cabeça. Saiu muito sangue. Mamãe disse que ele precisava ir para um hospital, mas era perigoso ir aos hospitais, porque eles eram bombardeados o tempo todo. Nós os restaurávamos o quanto podíamos, e o regime jogava bombas neles de novo, e isso continuava sem parar. Não sabíamos o que fazer. Os tios Mazen e Yaman disseram que levariam Noor para o hospital.

Eu estava abraçando Noor bem apertado mesmo ficando suja de sangue. Estava com medo de ele ir para o hospital porque uma bomba podia cair enquanto ele estivesse lá. Mamãe disse que eu tinha que soltá-lo e deixar que meus tios o levassem, mas ela também estava muito transtornada.

Demorou quase duas horas para Noor voltar para casa, mas ele estava bem. Ele só precisou levar dois pontos. Eu o sentei no meu colo e li livros para ele para fazê-lo se sentir melhor.

Eu sempre tentei cuidar de Noor, Mohamed e dos meus priminhos o melhor possível, porque sou a mais velha. Era minha função distraí-los para que eles não ficassem tristes ou com medo. Quando meu iPad estava carregado (às vezes a bateria acabava se não tivéssemos energia suficiente dos painéis solares), eu deixava Mohamed assistir a *Bob Esponja Calça Quadrada* o quanto ele quisesse. Ou então, às vezes, eu os abraçava com força — especialmente quando caíam muitas bombas e eles ficavam assustados — e dizia para eles: "Vai ficar tudo bem."

Às vezes eu contava histórias para eles, como a do lobo que tentava enganar os carneirinhos. Ou, então, eu dizia para eles como a vida ia ser quando a guerra finalmente acabasse: íamos comer quantos doces nós quiséssemos. E voltaríamos a ver Nana Samar e o vovô Malek. E todas as escolas e parques seriam restaurados, e poderíamos brincar do lado de fora. Eu ensinei a eles como imaginar isso — pensar a respeito disso na mente como se fosse um sonho, mesmo eles estando acordados, e a gente quase podia sentir que era de verdade.

Certa vez, quando fazia muito tempo que não íamos para o lado de fora por causa do cerco, tive uma ideia ótima para podermos ficar mais animados! Primeiro, enganchei minha corda de pular no vão de uma porta para fazer um balanço. Depois, tirei o colchão da minha cama e o coloquei em pé contra a esquadria da porta para que pudéssemos escorregar nele. E peguei alguns pedaços compridos de madeira da pilha que estávamos queimando para nos manter aquecidos, porque havia pouco combustível, e os coloquei sobre um monte de travesseiros para fazer uma gangorra. Ficou igual a uma gangorra! Não foi tão bom quando ir a um parque de verdade, mas foi divertido.

Mamãe adorou meu playground e disse que eu era muito esperta. Ela também tinha boas ideias, como se um dia tivéssemos um pouco mais de água, ela encheria nossa piscina inflável e poderíamos nadar na sala. Ou então, depois que ela limpasse o piso, poderíamos usar a água que estivesse sobrando para deslizar nele como em um tobogã aquático.

Tínhamos que ser muito espertos para inventar brincadeiras, porque não podíamos fazer as coisas que outras crianças fazem porque elas não têm guerra — como nadar em uma piscina, andar em um balanço de verdade e jogar futebol do lado de fora. Eu tentava fazer coisas divertidas, como brincar no playground que criei dentro do apartamento, ler bons livros, escrever, inventar músicas e jogos para animar meus irmãos e primos. Tínhamos que brincar, senão parecia que tudo o que fazíamos era esperar pelas bombas para ver quem morria.

Todos os dias havia cada
vez menos de tudo.

O Exército Livre da Síria não tinha outro plano, então o cerco simplesmente continuou. Quando chegou o Edi al-Adha, não havia comida no mercado para a festa nem estoque nas lojas para que pudéssemos comprar as roupas novas que deveríamos comprar. E tudo estava sujo e empoeirado por causa de todas aquelas bombas, então era difícil deixar a casa brilhando. Geralmente, o Eid al-Fitr e o Eid al-Adha são os dois melhores dias do ano, mas dessa vez o feriado não foi muito divertido porque não pudemos celebrar, o que deixou todo mundo triste. Eu nem tinha mais certeza de se esse ainda era meu feriado predileto.

Eu precisava de novas roupas, já que eu estava crescendo e estava ficando frio, mas não havia mais roupas de menina nas lojas. Tive que me conformar com roupas de menino, o que me deixou muito frustrada. Gosto de vestidos, de cor-de-rosa e de roupas bem de menina. Mamãe disse: "Isto é o melhor que podemos fazer, Bana. Sinto muito." Eu não queria que ela se sentisse mal, por isso tentei parar de chorar, mas eu odiava aquelas roupas de menino.

Todos os dias havia cada vez menos de tudo. Menos remédios para as pessoas no hospital, e nenhum combustível

Bana na Aleppo bombardeada.

Bana recém-nascida na Síria.

Bana, antes da Guerra, brincando no balanço em Aleppo.

Bana e seu irmãozinho Mohamed.

Bana nadando com o pai, Ghassan, antes do estopim da guerra, em Aleppo.

A cidadela de Aleppo.

A explosão de uma bomba próxima à casa da família de Bana em Aleppo.

Uma área residencial destruída pelo bombardeio.

Bana e Mohamed brincando.

Os efeitos de um bombardeio intenso nos arredores de Aleppo.

Durante a Guerra, a água era armazenada em galões e racionada.

Prédios devastados pelo bombardeio.

Noor, o irmão mais novo de Bana, recém-nascido.

Bana, Mohamed e Noor.

Bana e Noor brincando na roda gigante.

Bana com suas amadas bonecas Barbie.

A menina ensinando as cores e os números a Mohamed, embora algumas vezes ele só quisesse brincar com caminhões.

Bana olhando pela janela esperançosa de que a guerra acabe.

A escola de Bana foi destruída pelos bombardeios.

Carros foram esmagados, e estradas e moradias foram destruídas em Aleppo.

No seu 7º aniversário, Bana ganhou um presente especial: um iPad só para ela!

Pneus sendo incendiados nas ruas para produzir fumaça e confundir os pilotos dos aviões enviados para bombardear a cidade.

Comida que o pai de Bana trouxe dos caminhões que distribuíam suprimentos em Aleppo.

Bana abraçando seu irmão Noor.

Bana e seus amigos criando um parquinho dentro de casa, onde era mais seguro brincar.

Bana e seu pai cultivavam vegetais no terraço de seu apartamento, pois eles não estavam disponíveis para compra durante a guerra.

Bana agradecendo aos seus seguidores do Twitter pelas mensagens de apoio.

Bana usa uma hashtag no Twitter para contar ao mundo o que estava acontecendo em Aleppo.

Um folheto jogado de um avião que sobrevoava Aleppo.

A casa da família de Bana destruída por um bombardeio.

Bana coberta por sujeira e fuligem depois dos ataques que destruíram sua casa.

Bana doente e sem atendimento médico em Aleppo.

Bana com um voluntário da Cruz Vermelha enquanto esperava pelo ônibus que a tiraria de Aleppo.

Bana e seus irmãos aquecendo-se na rua enquanto aguardavam para serem levados embora da cidade.

Bana, Fatemah, Mohamed e Noor no ônibus deixando Aleppo.

Bana no avião indo para a Turquia.

Bana e Fatemah.

Bana com outras crianças refugiadas na Turquia.

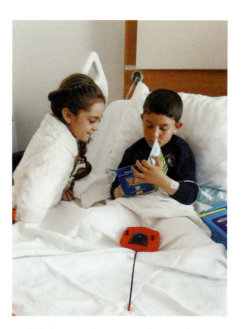

Bana com Abdulbaset Ta'an em um hospital na Turquia.
Ele perdeu as pernas em uma explosão na Síria.

Bana no seu 8º aniversário.

para os carros ou geradores, de modo que eles não podiam funcionar mais. Até a farinha tinha acabado, e as pessoas não podiam mais fazer pão. Tínhamos sorte por ter guardado tanta comida e combustível, embora eu detestasse comer macarrão e arroz o tempo todo. Eu sabia que algumas crianças nem mesmo tinham comida.

Baba me levou para pegar sementes e fizemos um pequeno jardim no terraço para cultivar hortaliças, já que não podíamos mais comprá-las. Foi a Tia Zena que deu a ideia. Quando o primeiro cerco começou, as pessoas plantaram sementes. Ela e as pessoas no prédio dela dividiram algumas mudas de tomate. Não íamos mais visitar muito a tia Zena porque não era seguro andar do lado de fora, mas, certo dia, quando menos bombas estavam caindo, mamãe e eu fomos até a casa dela, e vimos que a tia Zena tinha guardado um tomate para nós. Fiquei muito feliz quando o vi o tomate; parecia que ele brilhava quando saiu do bolso dela. Fazia muito tempo que eu não via um tomate. Eu estava com tanta forme que tive vontade de morder aquele tomate suculento na mesma hora, mas eu o enfiei no bolso para poder dividi-lo com Mohamed e Noor. Quando chegamos em casa, cortei o tomate em cinco partes iguais, uma para cada um de nós. Não sei o que era melhor: o tomate, ou a felicidade que sentimos ao dividi-lo, mesmo que fosse só uma mordida.

*Talvez alguém fizesse alguma
coisa antes que fosse tarde demais.*

Eu estava cansada do cerco e das bombas. Ficar com medo o tempo todo e ver pessoas sendo feridas e morrendo e ao mesmo tempo tentar ter esperança nos deixa muito cansados. Eu não achava que a vida um dia voltaria a ter momentos felizes como antes; as coisas só estavam ficando piores.

Perguntei à mamãe se as pessoas fora da Síria e de Aleppo sabiam o que estava acontecendo conosco. Por que ninguém dizia ao regime para parar de matar as pessoas? Todos devemos ser bondosos e ajudar as pessoas. Foi o que Baba e mamãe sempre nos ensinaram.

Então, não há uma boa razão para a guerra. Não é certo que tantas pessoas e crianças morram. Porque depois que todo mundo tiver morrido, o que vai acontecer? O que vai ser diferente?

Costumava haver muitas pessoas em Aleppo e no meu país, mas muitas foram embora e muitas morreram. Assim, não sei quem irá consertar todos os prédios destruídos e construir novas escolas. Quem poderá viver lá?

É como quando eu perdi algumas peças do meu quebra-cabeça favorito. Não tive como conseguir novas peças, então nunca mais pude montá-lo de novo. Eu só podia jogá-lo fora e comprar outro quebra-cabeça, mas não temos como fazer isso na Síria.

Estávamos sentindo que nunca conseguiríamos sair de Aleppo e teríamos apenas que esperar até que uma bomba caísse sobre nós e todos morrêssemos. Eu queria fazer alguma coisa, então escrevi uma mensagem no Twitter: "Preciso de paz."

Quando escrevi essa mensagem, estávamos no segundo cerco por três longos meses.

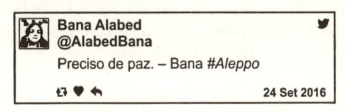

Eu sempre falava com a minha família e meus amigos que deixaram a Síria no Facebook e no WhatsApp, e queria contar para eles o que estava acontecendo conosco — como Yasmin morrera e minha escola fora bombardeada. Mamãe disse que há mais pessoas no Twitter do que no Facebook, então eu podia contar o que estava acontecendo para essas pessoas. Ela criou uma conta para mim para que pudéssemos enviar mensagens.

Agora eu podia contar às pessoas que não tínhamos comida e remédios e como as bombas eram ruins. Eu não sabia se alguém ia prestar atenção ou se importar, mas eu esperava que eles, por favor, fizessem alguma coisa para a guerra parar.

Sempre gostei de conversar com as pessoas e fazer novos amigos, e no Twitter eu podia falar com pessoas do mundo inteiro. Mamãe e eu falávamos inglês, assim podíamos falar com pessoas do Reino Unido e dos Estados Unidos no Twitter. Pensei que talvez elas pudessem nos ajudar.

Começamos logo a receber mensagens de adultos e crianças do mundo inteiro. Eu não conseguia acreditar que as pessoas estavam prestando atenção. E elas escreveram coisas muito amáveis. Mamãe e eu líamos as mensagens quando tínhamos que nos esconder no porão durante muitas horas seguidas. Quando eu lia as mensagens, sentia que as pessoas se importavam conosco, que não estávamos completamente sozinhos. Que talvez alguém fosse fazer alguma coisa antes fosse tarde demais.

*Eu tinha medo de que as pessoas
não acreditassem em nós.*

Eu queria escrever no Twitter todos os dias para contar às pessoas como as coisas estavam ruins em Aleppo e para dizer a elas que eu estava muito, muito assustada. Mas também era divertido contar coisas boas para o mundo, como quando meus dentes caíram.

Mamãe me ajudava a descobrir o que dizer em inglês. Nós também tiramos muitas fotos e vídeos para que o mundo pudesse ver o que estava acontecendo na Síria. Eu tinha medo de que as pessoas não acreditassem em nós se não vissem como as coisas eram ruins, todos os cadáveres e os prédios em ruínas.

Eu tentava contar para as pessoas sempre que uma coisa ruim acontecia, como o que aconteceu com a minha amiga Marwa, que tinha 7 anos como eu. Naquele dia, houve um som como o de um terremoto, mas não ouvimos os aviões. Corremos para a janela e pudemos ver uma nuvem gigante de fumaça e poeira no ar. Corremos para o prédio onde estava a fumaça, e foi terrível. Era um prédio como o da minha família, com quatro famílias nele, assim como no meu. Ele desmoronara, e todas as pessoas que estavam do lado de dentro estavam no meio dos destroços. Os voluntários cavaram o dia inteiro, tentando retirar as pessoas de lá. Eles as encontraram, mas ninguém estava vivo.

Fomos embora quando o sol se pôs, e Baba me levou com ele ao mercado. Estávamos tristes depois do longo dia de escavação e morte, e Baba ia tentar encontrar alguma coisa para nos animar. No mercado, todo mundo disse que o pai e o irmão de Marwa não tinham aparecido o dia inteiro. Um homem falou que tinha ouvido dizer que eles iam ajudar a restaurar certo prédio naquela manhã. Era o mesmo prédio que tinha desmoronado. Baba chamou alguns vizinhos, e todos voltamos e começamos a procurar de novo.

Havia muitos escombros; como era um prédio inteiro, não podíamos cavar apenas com as mãos, mas também tínhamos um buldôzer. Marwa e sua mãe estavam chorando muito. Eu a abracei e disse a ela que íamos encontrá-los. Todos cavamos o mais rápido que pudemos. Marwa e eu não podíamos levantar as pedras grandes, mas ajudávamos com as pequenas. Cavamos durante horas; mamãe deixou que eu ficasse para ajudar. Mas não encontramos nada. Mamãe disse que eu tinha que ir para a cama, mas que eu podia voltar no dia seguinte para ajudar. Foi o que eu fiz. E voltamos no dia seguinte também. Todos os dias eu dizia para Marwa que devíamos ter esperança. Ela disse que não queria ficar sem o Baba dela. Ela já estava com saudades dele. Quem sabe eles não estavam nos destroços. Ou então, mesmo que estivessem, eles estariam bem.

Mas eles não estavam bem. Uma semana depois, nós os encontramos — mas era tarde demais. Quando uma pessoa morre por causa das bombas, o corpo dela fica amassado e cinza como um prédio. E o corpo fica mole, e às vezes partes dele saem, como uma perna ou um braço, e até mesmo o rosto. Não é uma coisa que você vá querer ver um dia.

Eu achava que se as pessoas no mundo inteiro vissem como as coisas estavam ruins e soubessem quantas pessoas estavam morrendo — como uma família inteira e o Baba e o irmão de Marwa em um minuto — elas nos ajudariam.

#StandwithAleppo[1]*

Fiquei animada quando pude ver que o número de pessoas que seguiam meu feed no Twitter não parava de crescer — era divertido contá-las. Eu tinha certeza de todas aquelas pessoas no mundo inteiro iam nos ajudar a parar a guerra.

Mamãe e eu decidimos criar uma hashtag para poder espalhar as notícias a respeito de Aleppo e levar pessoas a nos ajudar e talvez nos salvar. Coloquei #StandwithAleppo no meu post, e todos ao redor do mundo também usaram a hashtag, mais de um milhão de vezes.

As pessoas estavam começando a ficar sabendo cada vez mais de como as coisas estavam ruins na Síria, e eu ajudei a fazer isso! Eu não queria que as pessoas se esquecessem de nós, e queria que elas continuassem a me enviar mensagens amáveis sobre o quanto elas se importavam comigo. Todas as vezes que eu recebia uma, nós nos sentíamos melhor.

Eu estava fazendo muitos amigos ao redor do mundo. E algumas pessoas que trabalhavam nos noticiários queriam falar comigo. Um jornalista chamado Ahmad Hasan que também morava em Aleppo veio à nossa casa para me conhecer. Eu vesti minha saia favorita e uma bonita blusa

---

1* *#UnidosporAleppo,* em uma tradução livre. (N. da T.)

branca para o nosso encontro. Eu estava um pouco nervosa porque nunca tinha sido entrevistada por um repórter antes. Mas ele era muito legal. Mostrei para ele que eu sabia ler e escrever em inglês, e ele disse que eu era muito esperta. Ele me perguntou por que eu comecei a usar o Twitter, e eu disse a ele que estava cansada da guerra e triste porque minha escola tinha sido bombardeada e meus amigos tinham morrido. Eu queria que as pessoas nos ajudassem. Ele me disse que achava que eu estava ajudando as pessoas, e isso me fez sentir bem.

Outras pessoas de Aleppo também diziam que eu estava ajudando. Quando elas me viam na rua, se eu estivesse tirando fotos ou filmando vídeos, elas diziam: "Obrigado, Bana" e "Muito bem, Bana", e às vezes elas tuitavam para mim também. Todos achávamos que o mundo tinha se esquecido de nós, mas, desse modo, as pessoas ficavam felizes porque eu estava dizendo ao mundo para não esquecer Aleppo Oriental.

As pessoas que ajudavam a consertar o Wi-Fi sempre vinham ao nosso bairro para testar a conexão e se certificar de que os cabos estavam funcionando depois de um bombardeio. Elas diziam que era importante que eu continuasse a contar para o mundo o que estava acontecendo.

Mesmo que fôssemos destruídos por uma bomba, alguém saberia o que aconteceu conosco. Poderíamos pelo menos dizer adeus.

Bana Alabed
@AlabedBana
Estamos morrendo

13 Out 2016

Bana Alabed
@AlabedBana
Eu só quero viver sem ter medo_Bana #*Aleppo*

Bana Alabed
@AlabedBana
Eu amo a paz mais do que qualquer coisa. — Bana #*Aleppo*

10 Out 2016

Bana Alabed
@AlabedBana
Por favor não nos privem da nossa infância – Bana #*Aleppo*

Bana Alabed
@AlabedBana
Não estamos armados, por que vocês nos matam? – Bana #*Aleppo*

09 Out 2016

Bana Alabed
@AlabedBana
Em nome das crianças de Aleppo, exijo paz para nós. – Bana #*Aleppo*

Bana Alabed
@AlabedBana
Oi @hilaryclinton meu nome é Bana sou uma menina de 7 anos e moro em Aleppo, você pode, por favor, se juntar às crianças de #*StandwithAleppo*?

06 Nov 2016

Bana Alabed
@AlabedBana
Estou doente agora. A guerra começou de novo, não temos remédios. Por favor reze por mim querido mundo. – Bana #*Aleppo*

Bana Alabed
@AlabedBana
Por favor parem a guerra, estamos cansados. - Bana #*Aleppo*

06 Out 2016

Bana Alabed
@AlabedBana
Sinto tanta falta da escola. – Bana #*Aleppo*

06 Out 2016

"*Vocês vão morrer.*"

Os aviões vieram, e em vez de jogar bombas, jogaram pedaços de papel. Os papéis diziam: *Esta área será destruída, e vocês vão morrer. Vocês precisam partir imediatamente.* O governo também enviou mensagens avisando que o terrível bombardeio iria começar em 24 horas.

O regime decidiu que ia bombardear cada rua de Aleppo Oriental, para que qualquer pessoa do Exército Livre da Síria que morasse em Aleppo morresse. Mas nós também estávamos lá.

Eles disseram que tínhamos que partir, mas não tínhamos para onde ir já que o exército estava cercando a cidade. E eles podiam estar pregando outra peça de mau gosto e atirando nas pessoas ou prendendo quem tentasse atravessar para Aleppo Ocidental. Certa vez, quando o cerco tinha começado, os aviões tinham jogado papéis em toda Aleppo Oriental. Os papéis diziam que o governo ia parar de lutar e soltar bombas para que as pessoas pudessem atravessar para Aleppo Ocidental e ficar em segurança. Mas quando as pessoas tentaram fazer isso, os soldados atiraram nelas, ou se homens conseguiam chegar a Aleppo Ocidental, o regime os obrigava a combater no exército mesmo se eles não quisessem ser soldados. Portanto, dizer que a gente podia ir para Aleppo

Ocidental e ficar em segurança era uma armadilha cruel.

Depois que os folhetos caíram, as coisas ficaram muito ruins. É difícil pensar em como elas ficaram ruins depois daquilo. Foi a pior época da nossa vida.

Antes, um bom dia era quando caíam duas bombas e um mau dia quando caíam dez bombas. Agora, havia bombas o dia inteiro e a noite inteira, sem interrupção, talvez cem bombas, mas era impossível contá-las. Você não pode imaginar como é ruim ter bombas caindo ao seu redor o tempo todo. E essas bombas são de um tipo diferente — elas são ainda maiores. E também havia mais bombas de cloro.

Nós nem dormíamos mais porque havia bombas demais. E também nem fazíamos mais tanto arroz ou macarrão, porque não havia tempo antes que os aviões voltassem com novas bombas.

No início, meus irmãos, primos e eu chorávamos quando essas bombas caíam, mas depois de algum tempo nós paramos — até mesmo Noor — porque não tínhamos mais lágrimas.

A vovó Alabed veio à nossa casa certa manhã e falou em um tom muito sério com a mamãe e Baba. Não era para eu ouvir, mas escutei quando ela disse que o exército estava perto e que "nosso bairro era o próximo."

Baba saiu imediatamente para se encontrar com o tio Wesam e disse que eles voltariam mais tarde. Eu não queria que eles fossem procurar o exército.

Mamãe tentou animar a vovó fazendo um chá para ela, mas não acho que isso tenha realmente ajudado.

Baba voltou mais tarde naquele dia, antes do jantar. Eu

estava na sala escrevendo no meu diário, e ele nem mesmo veio me dar um abraço como sempre fazia quando voltava para casa. Ele foi diretamente falar com a mamãe e a vovó na cozinha, em um tom muito sério, de novo.

Eu pude ver que as coisas estavam muito ruins.

Como se eu estivesse morta,
mas ainda não estava.

Mas elas ficaram piores ainda; elas ficaram medonhas.

Baba, meus tios e a vovó estavam conversando na sala, tentando fazer um plano para escaparmos do exército. Mamãe estava na cozinha com a tia Fatemah preparando o jantar (mais arroz). Eu continuava na sala escrevendo no meu diário, quando, de repente, ouvi um barulho ensurdecedor, como o de muitos sons ao mesmo tempo: vidros quebrando, paredes caindo e um estrondo como se alguma coisa tivesse atingido a terra inteira.

Depois, foi como se alguém tivesse me dado um soco muito forte e me derrubado. Tudo ficou escuro e quieto, como se eu estivesse morta, mas ainda não estava.

Depois, ouvi muitos gritos: mamãe, Mohamed, tia Fatemah, Lana, todo mundo gritava e chorava ao mesmo tempo. Eu podia ouvir os gritos, mas não conseguia ver ninguém. Tudo estava escuro por causa da fumaça. Não havia ar para respirar. Eu não conseguia parar de tossir. Não conseguia enxergar nada. Eu estava confusa, até que compreendi o que tinha finalmente acontecido: uma bomba atingira diretamente nosso apartamento. Tudo tinha explodido.

Senti os braços de alguém me envolvendo, e depois começamos a descer correndo as escadas.

Chegamos ao porão, e pude ver que quem estava me carregando era o tio Wesam. Ele me colocou no chão, e eu olhei em volta — meus tios, tias e primos também tinham descido correndo para o porão. Mas nem sinal da mamãe. E nem de Baba. Comecei a gritar por eles. Ninguém me respondeu. Eu estava sem fôlego como se tivesse corrido, mesmo não tendo.

Um minuto depois, mamãe estava lá, segurando Mohamed, coberta de poeira; ela parecia um fantasma. Ela me abraçou ao mesmo tempo que gritava sem parar "Onde está Noor? Onde está Ghassan?".

Fiquei tão aliviada porque mamãe estava viva que me senti fraca. Era como estar em um sonho e um pesadelo ao mesmo tempo.

Todos os adultos estavam em pânico, especialmente a vovó Alabed, que era quem estava gritando mais. Ela estava preocupada com o vovô, que estava na casa deles. E também com Baba. Ninguém sabia o que fazer.

Alguém disse que o porão não era seguro. Mas não podíamos ir para nenhum outro lugar.

Podíamos ouvir as bombas caindo à nossa volta.

Mamãe colocou Mohamed no chão, e ele engatinhou até onde eu estava e se sentou no meu colo. Ela estava conversando com o tio Wesam, tentando imaginar onde Baba estava.

"Você o viu? Você o viu? Ele está morto?" Mamãe continuava a gritar, e seu tom de voz estava muito alto. "Ele pegou Noor?"

Tio Wesam disse a ela que tinha certeza de que Baba e

Noor estavam bem; que eles provavelmente tinham descido a escada que dava na outra parte do porão.

Mamãe estava pretendendo subir a escada e descer pela outra para garantir, mas imploramos a ela para não fazer isso. Não era seguro.

Ela então se jogou no chão e continuou a chorar. Todas as vezes que eu pensava que Noor e Baba não estavam conosco e podiam estar mortos, eu me sentia muito cansada, como se eu só quisesse me deitar no chão e dormir porque era difícil demais ficar acordada.

Era difícil até mesmo pensar, porque as bombas não paravam de cair, e as paredes do porão estavam balançando e desmoronando.

Mamãe cobriu a minha boca e a de Mohamed com pedaços rasgados de uma camisa para que não respirássemos poeira. Ela nos cobriu com o seu corpo para nos proteger das pedras e de partes da parede que estavam caindo. Mas continuamos a ser atingidos. Era como se alguém estivesse cutucando todo o meu corpo com uma coisa afiada. Todos estávamos cheios de cortes e sangrando muito.

De repente, tio Nezar caiu, e achamos que ele tinha morrido. Mamãe disse que ele tinha apenas desmaiado. Jogamos água nele para acordá-lo.

Depois, um grande pedaço de parede atingiu o tio Mazen. Ele gritou, e sua perna começou a sangrar. "Estou bem, estou bem", ele disse, mas pude ver que ele estava sentindo muita dor.

Depois de algum tempo, ficamos todos quietos, porque não havia nada que pudéssemos fazer a não ser ficar sentados ali e ser apedrejados pelo céu.

*Nossa casa
tinha desaparecido.*

Muitas horas se passaram até que, finalmente, as bombas pararam. Na verdade, eu estava com medo de que elas parassem, porque quando isso acontecesse nós poderíamos subir até o apartamento e iríamos saber de uma vez por todas se Baba e Noor estavam mortos. Eu não queria descobrir.

Quando tudo ficou quieto, o tio Wesam nos disse para esperar porque ele ia ver o que tinha acontecido. Ele voltou com a melhor notícia possível! Baba e Noor estavam vivos. Eles estavam mesmo no outro porão. Mamãe não conseguia parar de chorar, embora a notícia fosse boa.

Todos nós, inclusive Baba e Noor, fomos até a rua, e todos queríamos nos abraçar e comemorar porque estávamos vivos, mas não havia tempo para isso porque os aviões iam voltar, e tínhamos que encontrar um lugar para ir.

Esperamos na rua enquanto mamãe subiu rapidamente ao apartamento para ver se conseguia pegar nossas coisas de valor, como dinheiro. Mamãe tinha agarrado seu celular e sua bolsa com algumas coisas importantes que ela sempre tinha por perto antes de descer para o porão, mas ela queria pegar o celular de Baba e os carregadores. Eu queria que ela também pegasse minhas bonecas. Mas olhei para cima, e mesmo no escuro pude dizer que nossa casa estava completamente destruída. Eu sabia que meus livros e brinquedos provavelmente não existiam mais. Senti uma coisa pior do que tristeza quando vi que nossa casa tinha sido destruída. Era como se eu estivesse completamente escura por dentro.

De repente, vovô Alabed apareceu correndo — ele estava muito preocupado com a vovó. Todos se abraçaram e chorei de novo. Mas ainda precisávamos arranjar um lugar para ir. Já era bem de noite, e era perigoso ficar na rua. Baba e o tio Wesam decidiram que naquele momento deveríamos ir para o prédio do vovô e da vovó Alabed, porque o vovô disse que ele não tinha sido muito atingido.

Tivemos que correr muito rápido para não sermos atingidos por uma bomba. Estava completamente escuro do lado de fora, e isso era assustador. Mal conseguíamos enxergar aonde estávamos indo. Mamãe disse que não podíamos olhar para nossos celulares ou usá-los para iluminar o caminho porque os aviões nos veriam. Além disso, o frio estava congelante, e não tínhamos sapatos. Meus pés estavam sendo cortados enquanto corríamos sobre os escombros e os projéteis nas ruas. Mas eu tinha que ser um menina crescida e correr, porque Baba estava carregando Mohamed e mamãe estava carregando Noor.

Finalmente chegamos ao prédio da vovó, e fomos direto para o porão. Estava muito frio. Tio Nezar era quem estava com mais frio, porque sua camisa estava gelada por causa da água que tínhamos jogado nele. Nós então nos abraçamos para nos manter aquecidos. É bom ter uma família grande quando precisamos nos manter aquecidos.

Embora o sol estivesse nascendo agora, estávamos muito cansados. Mamãe ficou aconchegada conosco até que pegamos no sono. Geralmente era difícil dormir, e nós só dormíamos um pouco aqui e ali quando as coisas estavam quietas, o que quase nunca acontecia, porque os aviões estavam sempre no céu. Mas, naquela noite, eu estava me sentindo mais cansada do que jamais me sentira. Eu poderia ter dormido para sempre.

Foi difícil acordar, porque eu me lembrava do que tinha acontecido: nossa casa tinha desaparecido. Quando acordei, mamãe e Baba não estavam lá, e isso fez meu coração bater muito rápido. Vovó Alabed me disse para ficar calma — eles só tinham ido ver se conseguiam pegar alguma coisa na nossa casa. Eu tinha esperança de que eles conseguissem pegar minhas bonecas, mas estava com medo de que elas estivessem todas mortas. Até mesmo Yasmin.

*O que aconteceria se
o exército nos encontrasse?*

Não tínhamos mais uma casa. Eu nunca tinha deixado de ter uma casa antes, então não sabia o que ia acontecer. Para onde iríamos agora? O exército do regime estava destruindo Aleppo Oriental rua por rua, dia a dia, de modo que tínhamos que ir cada vez mais para o leste, para longe do exército que estava nos perseguindo.

Baba e o tio Wesam se apressaram para tentar encontrar um lugar para onde pudéssemos ir. Abdulrahman, um amigo de Baba, disse que conhecia um lugar onde poderíamos ficar, mas era longe demais para irmos a pé até lá. Baba e o Tio Wesam foram tentar conseguir um carro. Eles tiveram que correr, porque o exército estava vindo.

Mamãe pegou o máximo que pôde dos nossos pertences, mas quase tudo estava destruído. Ela me mostrou o vídeo que filmara, e eu queria postá-lo no Twitter para que todos soubessem que eu tinha perdido minha casa. O sentimento ruim voltou quando olhei para o vídeo. Especialmente quando vi o meu quarto.

Quando já havia algum tempo que Baba tinha saído, comecei a ficar preocupada com a possibilidade de sermos encontrados pelo exército. Ou imaginando que talvez eles já tivessem achado Baba. Eu não tinha certeza do que iria acontecer se o exército nos encontrasse. Eles atirariam em nós? Nos colocariam na prisão? Poderíamos ficar juntos na prisão? Às vezes eu tinha vontade de perguntar à mamãe, mas estava apavorada demais para fazer essas perguntas.

Baba e o tio Wesam voltaram e desceram correndo para o porão, onde ainda estávamos esperando. "Vamos embora, vamos embora. Rápido!" eles disseram, e todos subimos correndo a escada até a rua. Olhei para o carro que eles tinham conseguido; era um caminhão com a parte de trás aberta. "Vamos, entrem!" disse Baba, nos apressando.

Estávamos preocupados porque achávamos que não íamos caber todos ali. Mas tínhamos que caber. Assim, todos nós — 19 pessoas — entramos no caminhão. Não sei como fizemos isso. Tínhamos que nos segurar com força, porque o caminhão balançava sobre os escombros e Baba estava dirigindo muito depressa. Eu achei que íamos ser jogados para fora do caminhão. Noor estava gritando o tempo todo. Fechei bem os olhos para não ficar assustada, mas na verdade isso não ajudou.

*Eu nunca tinha me
sentido pior por dentro.*

A casa nova era muito suja. Eu a detestei assim que entramos nela. Fazia muito tempo que ninguém morava lá, e não havia mobília, comida ou aquecedor. Ela não era como uma casa de verdade.

Baba e o tio Wesam saíram novamente assim que chegamos à casa nova. Eles foram procurar água. Eu estava torcendo para eles voltarem logo, porque eu estava com muita sede.

Eu tentei me lembrar de quanto tempo fazia que eu não comia ou bebia água. É uma sensação horrível na garganta quando ela está tão seca que a gente não consegue engolir e no estômago quando ele está tão vazio que chega a doer.

Eu desejava poder tomar um banho. Estávamos tão sujos por causa da poeira e dos ferimentos, mas não tínhamos como nos limpar. E de qualquer modo, não tínhamos roupas limpas para vestir. Baba tinha conseguido comprar alguns sapatos para nós em um mercado — eles eram mais como chinelos do que sapatos, mas a loja não tinha sapatos de verdade, e precisávamos de alguma coisa.

Eu nunca tinha me sentido pior por dentro: com fome, com sede, cansada, apavorada, triste e morrendo de frio, já que não tínhamos nem aquecimento nem cobertores. Meus ouvidos ainda estavam apitando por causa das bombas. Eram tantos sentimentos ruins ao mesmo tempo que eu não sabia o que fazer. Eu apenas me deitei no colo da mamãe e tentei não pensar em nada.

Talvez o meu
coração estivesse doente.

Eu não sabia quanto tempo íamos ficar nessa casa ou se ela ao menos era nossa casa nova. A única coisa boa a respeito do lugar é que não havia muitas bombas. Tínhamos nos afastado bastante do local onde o exército estava, eles não estavam bombardeando muito ali — apenas uma ou duas bombas por dia.

Mas essa era a única coisa boa, porque todo o resto era horrível. Baba tinha que procurar água todo os dias, e ela estava muito escassa. Como não havia mais combustível, era difícil operar os geradores, e sem os geradores as pessoas não podiam bombear água. Assim, só podíamos beber um xícara bem pequena por dia. Também só fazíamos uma refeição por dia. Mamãe encontrara um pouco de farinha na nossa casa bombardeada, e ela a trouxera para cá e fazia pão, ou uma coisa que parecia pão, em uma panela sobre o fogo. Como não tínhamos combustível, cozinhávamos a comida que conseguíamos encontrar sobre o fogo.

Alguns vizinhos nos deram alguns cobertores, mas ainda assim dormíamos todas as noites no chão frio e sujo dessa casa. Eu deixava Noor deitar a cabeça no meu estômago, porque não tínhamos travesseiros.

Fiquei muito doente. Talvez o meu coração estivesse doente, e isso fez com que meu corpo ficasse doente. Mas tudo o que eu podia fazer era ficar deitada porque estava me sentindo muito cansada. Não tínhamos remédios que pudessem me fazer sentir melhor.

Eu estava cansada demais para ter esperança. Estava cansada de lutar para permanecer viva. Eu achava que talvez fosse mais fácil se uma bomba caísse em cima de nós e não tivéssemos mais que viver dessa maneira.

Não tínhamos para onde ir.

"Acordem, acordem!". Mamãe e Baba estavam gritando para que todo mundo acordasse, e eu não sabia por quê, já que o sol mal acabara de nascer. Fazia umas duas semanas que estávamos morando na casa vazia, e eu achava que ela seria nossa casa nova. Mas mamãe disse: "Bana, temos que ir embora agora!"

Eu estava muito cansada e confusa.

Os vizinhos tinham vindo à nossa casa no meio da noite e dito que o exército do governo estava se aproximando de novo, então tínhamos que ir embora naquela hora. Mas exatamente como antes, não tínhamos para onde ir.

Todo mundo estava em pânico. Baba tinha um carro do lado de fora — era do seu amigo Abdulrahman. Baba disse a todas as mulheres e crianças que entrassem no carro. Quase não coubemos todos, mas ele arrancou com o carro realmente rápido. Todos estávamos imprensados uns contra os outros.

"Para onde estamos indo?", perguntei. Mas ninguém tinha respostas. Baba simplesmente encostou no meio-fio e nos disse que saltássemos e esperássemos ali enquanto ele voltava para pegar meus tios.

Eu nunca tinha estado nessa parte de Aleppo antes. Não

sabíamos para onde ir. Segurei a mão da minha mãe bem forte.

Caminhamos um pouco, porque não havia nada para fazer. Em seguida, topamos com alguém que conhecíamos! Era Ahmad Hasan, o jornalista que tinha me entrevistado a respeito dos meus posts no Twitter. Ele era muito legal e sempre queria nos ajudar. Às vezes, como não tínhamos mais uma casa, mamãe e eu íamos até o escritório dele para carregar o celular, ou ele nos deixava usar o Wi-Fi para que eu pudesse usar o Twitter.

Dissemos a Ahmad que não tínhamos para onde ir. Ele disse que nos ajudaria. Ele estava morando sozinho no seu apartamento, que era perto dali, e nossa família poderia ficar lá, e ele iria para a casa de um amigo.

"Muito obrigada, muito obrigada", mamãe disse para ele, e eu o abracei. Eu estava muito feliz porque teríamos um lugar para morar. Agora só precisávamos esperar que Baba e os meus tios voltassem para que pudéssemos contar a novidade para eles.

Deus é o
melhor Guardião.

A primeira coisa que eu vi quando Baba voltou foi o sangue. Ele estava tentando sorrir e fingir que estava bem, mas todos nós notamos. Mamãe correu da direção dele assim que ele saltou do carro. O carro estava diferente de quando ele nos deixara ali — todas as portas estavam amassadas e o vidro da frente estava quebrado.

"Ghassan! O que aconteceu? Você está bem?" Mamãe estava apalpando todo o corpo dele tentando descobrir onde ele estava machucado. O tio Wesam também estava sangrando, e a tia Fatemah estava fazendo a mesma coisa que a mamãe — tentando fazer com que ele se sentisse melhor.

Baba disse que uma bomba explodiu na frente do carro quando ele voltou para pegar os homens. Eles foram atingidos por projéteis, exatamente como acontecera com o tio Nezar. Mas Baba não foi atingido no rosto, apenas no braço. O tio Wesam foi atingido nas costas.

Fomos para a casa de Ahmad e demos uma olhada nos ferimentos deles para ver se eles iam ficar bem. Nem mesmo tínhamos água para lavá-los. Baba não parava de dizer: "Estou bem, estou bem." Mas ele não estava bem. Eu conseguia perceber, e isso me deixou muito assustada. Eu chorei muito — não consegui evitar.

Peguei então o Corão na bolsa da mamãe. Ela o ganhara quando tinha feito seu Hajj, e o guardava na bolsa que ela tinha pegado antes que a nossa casa fosse bombardeada, então ele estava seguro.

Eu adorava ler o Corão para Baba (e para minhas bonecas também). Eu li para Baba os versos favoritos dele para que nós dois nos sentíssemos melhor: Deus é o melhor Guardião e é o mais clemente dos misericordiosos.

Não tínhamos
para onde correr

Nossa casa nova só tinha dois quartos e duas camas, embora fôssemos 19 pessoas. Colocamos os colchões no chão para que pudéssemos ter um pouco mais de espaço e para que todas as meninas dormissem em um quarto e os meninos no outro.

Todos os dias tínhamos de descobrir como conseguir as coisas básicas, como alimentos para comer e água potável para beber.

Eu não gostava muito de sair. Havia muitas pessoas nas ruas — milhares e milhares de pessoas que, como nós, não tinham para onde ir. Algumas estavam apenas deitadas no chão, ou estavam sangrando, ou estavam queimando coisas para se manter aquecidas.

No apartamento, éramos muitas pessoas comprimidas em um pequeno espaço, e mesmo quando saíamos, ainda parecia que éramos muitas pessoas comprimidas em um pequeno espaço. Eu não gostava daquilo.

O prédio onde estávamos morando ficava na extremidade de Aleppo. Tínhamos sido empurrados para lá pelo exército e pelas bombas. Agora, não tínhamos para onde ir. Não havia mais nada entre nós e os tanques do exército. E agora eles estavam nos bombardeando muito e avançando na nossa direção com suas armas enormes.

Não tínhamos para onde correr.

Era isso.

Mamãe e eu tentamos fazer com que nossos amigos no Twitter nos ajudassem. Talvez eles conseguissem impedir que os aviões voltassem com as bombas.

Se não conseguissem, seria o fim para nós.

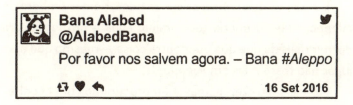

Mamãe teve a notícia de que íamos receber ajuda! O ministro do exterior da Turquia estava falando com o regime e com pessoas no Irã, na Rússia e em outros lugares para que eles fizessem um cessar-fogo, o que significa que eles iam interromper a luta e os bombardeios para que pudéssemos sair de Aleppo.

Ônibus viriam buscar todos os que estivessem encurralados para retirá-los de Aleppo e levá-los para um lugar seguro. No primeiro dia, os ônibus pegariam as pessoas que estavam feridas ou muito doentes, e depois, nos dias seguintes, os ônibus voltariam para pegar todas as outras pessoas que quisessem partir.

*Você não pode imaginar como
ficamos felizes ao ouvir isso.*

Eu achava que ia ficar triste ao pensar em ir embora de Aleppo, mas eu queria ter comida, água e um lugar para dormir mais do que qualquer outra coisa — mesmo que esse lugar não fosse mais em Aleppo.

No dia seguinte, mamãe e eu procuramos uma conhecida dela que estava trabalhando em um hospital próximo. Mamãe perguntou se ela poderia nos ajudar a sair nos primeiros ônibus com as pessoas doentes, porque meu Baba ainda estava ferido. Mas a amiga da mamãe disse que não havia nada que ela pudesse fazer.

Não gosto de pensar a respeito do que eu vi do lado de fora do hospital: centenas de pessoas feridas e sangrando deitadas no chão. Muitas estavam chorando e gemendo. Muitas estavam de olhos fechados, e eu esperava que elas estivessem apenas dormindo. O ar tinha um cheiro muito ruim — pior do que quando queimaram os pneus. É um cheiro que eu nunca vou esquecer, por mais que eu queira.

Eu tinha que chegar ao
lugar onde estavam os ônibus.

Baba achava que não deveríamos ir no primeiro dia dos ônibus — ele queria esperar para ver o que aconteceria e se seria seguro. Mesmo assim, a vovó Alabed queria tentar; ela achava que só tínhamos uma chance. Eu também queria partir — eu queria estar em qualquer lugar exceto ali. Mas Baba é esperto, um bom líder da nossa família e sabe o que é melhor. Naquela noite, ouvimos dizer que muitas pessoas tinham conseguido partir. Essa foi uma ótima notícia e nos deixou animados para ir embora no dia seguinte.

Saímos cedo pela manhã, antes do sol nascer, para tentar ficar na frente da fila dos ônibus. Mas a fila já estava tão grande que nem conseguíamos enxergar o começo dela. As pessoas dormiram na rua, esperando, então já havia muita gente na nossa frente. Tudo o que podíamos fazer era esperar também. Mas não tínhamos nem comida nem água, e o frio estava congelante, o tipo de frio que faz o corpo tremer inteiro. Fizemos uma fogueira para nos manter aquecidos, mas ainda assim eu não conseguia sentir meu nariz, nem os dedos os pés e das mãos.

À tarde, ouvimos gritos e estampidos altos. Estavam atirando nas pessoas que estavam tentando entrar nos ônibus. Todos os que estavam esperando ficaram abalados e alarmados, especialmente a vovó. Ela gritou: "Eu sabia que devíamos ter ido embora ontem! Agora não vamos conseguir sair!" Tentamos acalmá-la, mas era normal que ela ficasse transtornada, porque isso era muito ruim. E se os ônibus não viessem mais?

Voltamos para o apartamento, e mamãe e eu entramos no Twitter e contamos para todo mundo que o cessar-fogo tinha sido suspenso. Não havia nada que pudéssemos fazer, mas talvez nossos amigos em outros lugares pudessem conseguir que os soldados mantivessem a promessa de não atacar as pessoas que só estavam tentando escapar.

No dia seguinte, ouvimos mais más notícias: não havia mais ônibus. Foi um dia muito ruim, porque ficamos sem esperança. Tudo o que podíamos fazer era rezar para que os ônibus voltassem.

No dia depois desse nós nos levantamos novamente antes do amanhecer e fomos até onde os ônibus deveriam estar e rezei para que ninguém atirasse em nós. Dessa vez, havia menos gente — porque as pessoas estavam assustadas. Pude ver os ônibus! Eles estavam lá! Eles eram grandes e havia muitos deles, formando uma longa corrente, como uma cobra.

Foi uma visão incrível. Comecei a chorar. Eu estava chorando porque estava muito feliz — isso nunca acontecera comigo antes. Eu achava que a gente só chorava quando estava triste.

Agarrei a mão da mamãe e comecei a correr na direção deles. Eu tinha que chegar ao lugar onde estavam os ônibus.

Noor e Mohamed começaram a gritar e correr também. "Os ônibus, os ônibus!" Eles estavam gritando e rindo ao mesmo tempo, e também chorando.

"Esperem, esperem, vamos ver se é seguro!" Mamãe estava tentando me segurar.

Mas eu não queria voltar. Eu queria entrar em um ônibus naquele dia para que não tivéssemos que voltar para o apartamento. Eu não queria voltar nunca mais para lá. Implorei a mamãe e Baba para que corressem, e foi o que todos fizemos. Nós nos separamos de outras partes da nossa família na multidão, mas pudemos ver que havia espaço para todo mundo.

Nós entramos no ônibus. Finalmente.

Eu quase não
conseguia acreditar.

Estávamos muito animados por estar indo embora para um lugar seguro, longe das bombas. Mas os ônibus não se mexiam. Eu não conseguia entender por quê. Esperamos um tempo enorme, mas eles não saíram do lugar. Primeiro foi uma hora, depois duas, e depois muitas, muitas horas. O sol se pôs, e não tínhamos nos mexido. Ninguém podia descer do ônibus. Estávamos encurralados. Não tínhamos nem comida nem água. Estava tão frio que podíamos ver o ar saindo da nossa boca. E essa não era nem mesmo a pior parte: o pior era que ninguém tinha como ir ao banheiro. Todo mundo então começou a ir ao banheiro nas calças — especialmente as crianças — de modo que o fedor do ônibus ficou simplesmente insuportável.

A noite estava muito escura quando estávamos sentados no ônibus; não havia nenhuma luz e nada para fazer a não ser esperar. Achávamos que uma bomba ia cair em cima de nós ou que os soldados iam entrar no ônibus. Ninguém dizia nada, porque todos estavam muito tristes e assustados. Tudo estava muito quieto — exceto os bebês que estavam chorando porque estavam com fome e com as fraldas sujas. Era como se fôssemos prisioneiros e o ônibus fosse nossa prisão. E se tivéssemos que ficar no ônibus para sempre?

O celular da mamãe estava funcionando, então ela enviou uma rápida mensagem para o governo turco para ver se eles podiam nos ajudar.

O sol nasceu no dia seguinte, e todos ainda estávamos acordados. De repente, ouvimos o som forte dos motores, e os ônibus começaram a andar. Achamos que era um sonho. Andamos durante vinte minutos, e depois pudemos ver pela janela uma multidão de pessoas esperando por nós. Mamãe disse que essas pessoas iam nos ajudar. Pude ver meu reflexo no vidro da janela, e acho o meu sorriso era o maior que eu já tinha dado na vida. As minhas bochechas chegavam a doer. Eu quase não conseguia acreditar: estávamos salvos.

Agora estamos
em segurança.

Minhas pernas tremiam quando desci do ônibus, como se eu tivesse me esquecido de como é ficar em pé depois de ficar sentada por tanto tempo. Havia muitas pessoas lá com muita comida e muita água para dar para nós e para todas as pessoas dos outros ônibus. Soubemos que uma mulher de outro ônibus tinha até mesmo tido um bebê, e médicos vieram ajudá-la.

Mohamed disse: "Mamãe! Estamos no céu!"

E era assim que estávamos nos sentindo. Fazia tanto tempo que não comíamos, que não sabíamos o que comer primeiro. Queríamos tudo ao mesmo tempo — banana, maçã e pão! E água. A água tinha um gosto muito bom. Tomei três garrafas seguidas. Mas em seguida todos vomitamos por ter comido e bebido tanto, desse modo fizemos uma pausa e comemos de novo.

Depois que eu comi e me limpei, um homem pediu a mamãe e eu que falássemos na televisão a respeito de Aleppo e de como era nos sentirmos seguras.

Depois disso, um médico convidou minha família para ir à casa dele para nos lavarmos. Quando chegamos lá, alguns homens que trabalhavam com o governo turco vieram nos buscar para que pudéssemos ficar em segurança. Os governo sírio não gostava que eu colocasse posts no Twitter dizendo que queria paz, por isso não era bom ficarmos ali, porque ainda estávamos na Síria, embora fosse na zona rural.

Primeiro tivemos que seguir de carro para outra cidade perto da fronteira, e depois fomos de avião para a Turquia. Eu nunca tinha estado no céu antes. Senti uma coisa esquisita no estômago quando o avião subiu no ar. Isso foi em parte porque eu estava com medo de voar e também um pouco assustada e triste por deixar a Síria. No avião, olhei para baixo para ver se eu conseguia avistar Aleppo e dar tchau. Mas estava escuro do lado de fora, e só pude ver algumas luzes. O mundo parece tão bonito lá de cima, com todas aquelas luzinhas e os prédios bem pequenininhos. Eu não conseguia imaginar como alguém poderia jogar bombas nele.

Estávamos todos quietos olhando pela janela. Baba se reclinou e fechou os olhos. Noor e Mohamed tinham pegado no sono. Mamãe estava sentada do outro lado do corredor. Ela se inclinou para mim e sussurrou: "Estamos a salvo agora, Bana. Vamos ficar bem."

Essa foi a última coisa de que eu me lembro antes de pegar no sono também. Sonhei que estava nadando com Baba, e que estávamos jogando água um no outro. Eu estava rindo muito; e imensamente feliz.

....

O futuro é incerto, Bana. Mas sabemos que sobrevivemos aos piores dias da nossa vida. Há algum conforto nisso, saber que nunca mais teremos que suportar o horror, o caos e as pri-

vações que sofremos nas últimas semanas e meses que passamos na Síria — pelo menos, fora dos nossos pesadelos.

O sofrimento, a morte, o medo, a sede e a fome ininterruptos, sem nenhum fim à vista, causaram estragos em todos nós. Pude ver os efeitos da subnutrição e do estresse em vocês, meus filhos: as olheiras debaixo dos olhos, a queda do cabelo, o silêncio assustado. O medo que eu sentia quando não tinha remédio para dar para vocês quando sofriam um ataque de asma e quando ficavam muito doentes. Sobrevivemos a um inferno na terra que poucas pessoas são capazes de imaginar ou compreender.

É difícil para mim dizer isto. Mas apesar de eu querer ser sempre forte para você, não mostrar meu medo, tornar nossa vida o mais feliz possível naquelas circunstâncias brutais, houve um momento em que eu achei que não conseguiria prosseguir. Nossa casa tinha sido destruída, o que era devastador, e durante semanas fomos refugiados na nossa própria cidade. Eu vira vocês, meus filhos, sofrendo e presenciando cenas horríveis que nenhuma criança deveria presenciar — cadáveres apodrecendo nas ruas — sabendo que havia tão pouco que eu poderia fazer para protegê-los ou tornar as coisas melhores. Depois, os vizinhos vieram nos dizer que o regime estava avançando. Fomos então empurrados para o canto mais distante da cidade como camundongos em um labirinto. Agora, literalmente, não tínhamos para onde ir. Estávamos completamente cercados por trás, pela frente e por cima, pelo exército que estava avançando.

Baba e eu nos sentamos abraçados no frio congelante do lado de fora, na noite escura como breu. A única luz vinha *de algumas fogueiras distantes. O cheiro de náilon e madeira queimados chegavam com o vento, e o fedor do óleo e da carne que apodrecia sempre pairava no ar. Permitimos que nossos piores pensamentos e medos tomassem conta de nós, e sentimos um conforto bizarro nisso. Depois de tudo que tínhamos suportado, as coisas se resumiam ao seguinte: "Acabou." Acho que disse isso em voz alta e, em vez de medo, senti uma espécie de alívio. Eu estava exausta devido ao mero esforço necessário para sobreviver. Depois de lutar tanto tempo pela vida, achei que talvez fosse melhor entregar os pontos, deixar que a corrente me arrastasse para baixo — talvez eu devesse abandonar este mundo e ir para o próximo. Talvez a morte fosse a única maneira de termos paz.*

Mas a vontade de viver é forte; como o alento ou a pulsação, ela nos carrega mesmo quando não temos consciência dela. É uma chama que tremula nas nossas profundezas. É por isso que muitos de nós somos capazes de continuar, mesmo quando é mais fácil morrer ou desistir. A nossa capacidade de aguentar o sofrimento é imensa; é surpreendente o que conseguimos suportar. Aceitamos o que acontece e resistimos. Encontramos uma maneira de seguir em frente.

E foi assim que, até mesmo naquele momento, na minha hora mais sombria, pude reunir razões para viver, que foram principalmente vocês, meus filhos. E também para que eu pudesse ajudar os outros. Você e eu tínhamos nos tornado uma voz para o povo da Síria, e não podíamos desapontar as pessoas.

É uma coisa estranha, mas de muitas maneiras, o Twitter nos salvou, Bana. Literal e figuradamente. Ele nos proporcionou uma maneira de nos conectar com as pessoas que poderiam nos ajudar, que foram capazes de manter você segura e possibilitar que escapássemos de Aleppo. Mas também porque nos conectar com outras pessoas e compartilhar nossa história nos fez sentir melhor. Conferiu-nos propósito e força — e ainda confere. Nosso mundo no porão era minúsculo, mas com um simples telefone celular ele se tornou imenso.

As crianças na Síria não tinham como falar por si mesmas, de modo que você falou por elas. Desde a época em que você era bem pequena, você ficava indignada com as injustiças. Você dizia "Aquilo não está certo" ou "Aquilo não é justo", sempre que via alguma coisa que não combinava com seu robusto código moral. E durante a guerra, você ficou convencida de que se as pessoas entendessem o que estava acontecendo, elas nos ajudariam. E ajudaram. E estamos a salvo, mas ainda temos mais trabalho para fazer para acabar com a guerra de uma vez por todas.

Não ficaremos em silêncio enquanto isso não acontecer. Mesmo que tentem desacreditá-la ou intimidá-la ou, pior ainda, silenciá-la. Existe ato mais vergonhoso do que ameaçar a vida de uma menina de 7 anos? Meu sangue ficou gelado no dia em que você recebeu as primeiras ameaças de morte, provenientes de horríveis trolls no Twitter e do regime. E também quando soubemos que o regime bombardeou nossa casa de propósito, que fomos uma alvo particular. Fiquei nauseada.

Temi pela sua vida, especialmente naquelas últimas semanas. Era como se estivéssemos sendo caçados, e o resto da família estava muito preocupada porque você era um risco especial, e por isso todos éramos um risco especial. Retirei o SIM card do meu celular para que o regime não conseguisse nos rastrear, e *só deixava você sair de casa usando um chapéu. Eu queria evitar que alguém do exército a reconhecesse. O fato de você estar usando roupas de menino e escondendo seu cabelo ajudou. Eu me lembro do quanto você chorou quando compramos essas roupas, mas elas acabaram se revelando uma salvação.*

Eu faria e farei qualquer coisa para mantê-la segura, Bana, mas não a silenciarei. É isso que eles querem. É isso que tentaram fazer com os pacificadores desde o início dos tempos: Jesus, Martin Luther King Jr., Gandhi.

Mas isso só atesta o quanto sua mensagem é poderosa. Você pode mudar o mundo, e eles sabem disso. Portanto, não vamos ceder aos intimidadores e covardes que querem ferir uma menina quando tudo o que ela deseja é paz.

Precisamos continuar a falar no interesse de sírios inocentes e de outras pessoas afetadas pela guerra. Compreendemos o que está em jogo e o quanto a guerra é medonha, então se não fizermos nada, quem o fará? Sobrevivemos, e nossa dívida e nosso dever por esse milagre é ajudar outras pessoas a viver.

E que o que futuro encerra para nós? Não sabemos. Tudo o que você e seus irmãos conheceram foi uma vida de guerra e violência, e levará tempo para que essas feridas cicatrizem — mas você já está rindo mais, e há uma leveza em você, Mohamed e Noor que eu não tinha visto antes. Noor disse suas primeiras palavras uma semana depois de chegarmos à Turquia, e agora ele é um pequeno tagarela. Baba e eu brincamos dizendo que temos saudades da época em que ele não falava. É uma dádiva poder fazer um gracejo.

Meus sonhos para o futuro são modestos, Bana. Quero

criar um novo lar para nossa família e o encher de coisas que amamos. Desejo que você e seus irmãos tenham uma boa educação. Quero poder terminar a faculdade, e seu Baba gostaria de encontrar um trabalho para ele possa nos sustentar, talvez abrir uma loja. Nós queremos o que todo mundo quer, o que todo mundo sempre quis desde o início dos tempos: uma vida simples e feliz.

A sobrevivência traz uma coisa purificadora, que envolve o fato de perdermos tudo: nosso país, nossa casa, nossos pertences. Quando despojados de tudo, compreendemos do que somos feitos e o que é essencial.

Você é essencial, assim como Baba, Noor, Mohamed e o resto da nossa família. Somos tudo o que precisamos.

Sempre sentiremos saudades da Síria. Todos os dias você ainda pergunta quando poderemos voltar para casa. Espero que esse dia chegue, o dia que veremos um país reconstruído e um povo renascido. Mas isso poderá só acontecer daqui a um longo tempo. Talvez a essa altura você já tenha me dado netos. Contarei a eles histórias a respeito da guerra e de como a mãe deles era corajosa, direi que você nunca desistiu e que ajudar as pessoas se tornou a sua missão. Contarei como você espalhou uma mensagem de paz e esperança.

Direi a eles que a mãe deles é uma heroína.

Você é, Bana. E tenho muito orgulho de ser sua mãe.

Eu a amo Bon Bon, mais do que você jamais poderá imaginar.

Com amor,

Mamãe

Este é meu desejo.

Você sabia que a guerra na Síria matou cerca de 500 mil pessoas, e que muitas outras ainda estão sendo feridas e morrendo todos os dias? Muitas famílias como a minha não tiveram escolha senão deixar o país que amamos e ir para outros lugares onde somos refugiados. Algumas pessoas dizem que não querem refugiados no seu país. Elas querem que eles voltem para casa, embora eles não tenham mais uma casa. Ou então que vão para outro lugar, embora as pessoas desse "outro lugar" talvez também não desejem acolhê-los. Mas as pessoas não podem ir para nenhum outro lugar. Se você não tivesse um país ou se seus pais ou filhos fossem ser mortos, o que você faria?

Quando você vai para a casa de alguém na Síria, nós o acolhemos como se você fosse da família e dividimos com você o que nós temos, como chá ou doces. É assim que eu gostaria que pudesse ser se uma pessoa fosse para o seu país — que você dividisse suas coisas com ela, a ajudasse e tentasse entender o que ela passou.

As pessoas na Turquia têm sido boas para minha família, e sou grata por isso. Tivemos sorte, porque alguns refugiados da Síria e de outros lugares têm que morar em acampamentos. Alguns estão abarrotados, e não há comida ou remédios suficientes e as pessoas não têm o que fazer o dia inteiro, como trabalhar ou ir para a escola.

Fui visitar um acampamento em Reyhanli, na Turquia, e eles estão tentando criar um lugar agradável para as pessoas morarem, mas ainda assim não é a mesma coisa que ter um lar. Fui visitar um orfanato em Gaziantep, na Turquia, e havia lá mais de 25 crianças que tinham perdido os pais na guerra. Tenho muita sorte porque meu pai e minha mãe estão vivos. Mas muitas crianças não os têm. E crianças ainda estão morrendo e sendo feridas todos os dias, como Absulbaset Ta'an, um menino que visitei no hospital que tem quase a mesma idade que eu tenho e que perdeu as pernas por causa de uma bomba.

Não é certo que as pessoas tenham que viver em acampamentos, viver com medo o tempo todo, ver seus amigos e sua família morrerem ou viver sem água potável, comida ou uma casa. E quando vemos que uma coisa não está certa, temos que consertá-la. Temos que ajudar uns aos outros, não importa em que país nós vivamos.

Estou ajudando as pessoas chamando atenção para a guerra e para como ela é ruim — especialmente para as crianças.

Você também pode ajudar. Você poderia ajudar dando dinheiro para pessoas que estão ajudando os sírios, como organizações que estão trabalhando para ajudar o drama dos refugiados.

Ou você poderia fazer como outras pessoas no seu país e escrever cartas para seu presidente, primeiro-ministro e políticos pedindo ajuda.

Ou você poderia ser gentil com uma família refugiada e ver se eles precisam de ajuda para aprender coisas sobre seu novo país. Lembre-se de que eles estão com saudades de casa.

Você também poderia rezar ou fazer um pedido, como quando você sopra as velas no seu aniversario ou joga um moeda em uma fonte.

Fiz 8 anos enquanto estava trabalhando no meu livro, então fiz um pedido quando estava soprando as velas.

Foi difícil escolher um pedido só, porque eu tenho muitos, como:

Desejo nunca mais ter que ouvir ou ver uma bomba de novo.

Desejo poder voltar para casa um dia e morar em Aleppo.

Desejo uma irmãzinha.

Desejo ir para a escola e a universidade.

Mas acima de tudo, desejo que as pessoas parem de lutar com bombas e armas na Síria e no mundo inteiro.

Desejo que, por favor, haja paz.

Tenho agora 8 anos, e esse é o meu desejo.

Quero agradecer a todos que ajudaram a publicar este livro. Isso não seria possível sem minha família e meu numerosos amigos. Christine PRIDE, minha editora, me deu muito apoio e incentivo. Também quero agradecer à minha agente Zoe King que esteve ao meu lado em todos os momentos até o dia em que o livro foi publicado.
E, finalmente, desejo agradecer a J. K. Rowling por ser uma energia inspiradora para mim.
Obrigada a todos.

Bana

Este livro foi composto na tipografia Brandon Grotesque,
em corpo 12/16, e impresso em papel off-white no
Sistema Cameron da Divisao Grafica
da Distribuidora Record.